Familien-Reiseführer

NORDSEEKÜSTE NIEDERSACHSEN

Nordseeküste Niedersachsen

Muscheln, Krebse, Fische – im Watt gibt's immer was Neues zu entdecken

Die Nordseeküste für Eltern und Kinder

Kinderfreundliche Strände

Zehn Touren, die allen Spaß machen

Die tollsten Attraktionen für Kinder

Was haben wir gefangen? Auch junge Angler fühlen sich in Ostfriesland wohl

Ob bunter Trubel oder stille Natur – hier kommt jeder auf seine Kosten

Gut zu wissen

Was Sie wissen sollten

Diese Zeichen und Symbole begleiten Sie durch das ganze Buch und geben Ihnen besondere Informationen:

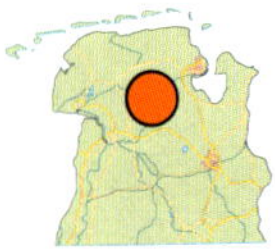

Die Mini-Karte von der Nordseeküste mit dem dicken roten, grünen oder blauen Punkt zeigt Ihnen auf einen Blick, an welchem Ort sich die jeweilige Adresse befindet.

Infos zur Region oder spezielle Empfehlungen für die Eltern gibt's in den grünen Kästen.

In den orangefarbenen Kästen stehen tolle Tipps oder Geschichten für Kinder.

Regionale kulinarische Genüsse oder ein Restaurant, in dem auch Ihre Kinder auf ihre Kosten kommen, finden Sie in den blauen Kästen.

Unsere Autorin Natalie John lebt als freie Journalistin in Rosenheim. Nach mehrjähriger Tätigkeit in Zeitungs- und Fernsehredaktionen in den USA, Italien und Deutschland schrieb sie zahlreiche Reisebücher. 1997 gewann sie den ENIT-Preis des italienischen Fremdenverkehrsverbandes für den besten deutschen Italien-Reiseführer. Doch bei aller Liebe zum Ausland: Seit ihrer Jugend zieht es sie mindestens ein- bis zweimal im Jahr an die Nordseeküste.

DIE NORDSEEKÜSTE FÜR ELTERN UND KINDER

Die Nordseeküste entdecken

Ein Traum von Urlaub

Es ist einer dieser Bilderbuchsommertage. Am blitzblauen Himmel tummeln sich Schäfchenwolken, eine leichte Brise wühlt durch die Haare, die Lippen schmecken salzig, die Luft riecht nach Fisch, Tang und Sonnenöl. Sie lümmeln im knarzenden Strandkorb, die Nase steckt in einem Buch, die Zehen tief im warmen Sand. Ihre Kinder haben im Nebenstrandkorb Freunde gefunden, mit denen sie Muscheln und Schnecken suchen, Krebse jagen und Sandburgen bauen. Sonne. Wind. Sand. Und Meer. So lautet die Zauberformel. Dazu eine Prise Abenteuer: heute eine Fahrt mit dem Krabbenkutter, morgen ein Ausflug zu den Seehundbänken – jeder Tag ein Erlebnistag.

Sieben auf einen Streich

Da sind die ostfriesischen Inseln, die „sieben Perlen" draußen im Meer mit ihren herrlichen Sandstränden und den schützenden Dünen: Borkum, die größte der Inseln, einst stolze Heimat berühmter Walfänger, deren spannende Geschichten man sich noch heute erzählt. Gleich daneben liegt Juist, „dat Töwerland", Zauberland, mit einem kilometerlangen Sandstrand. Norderney ist das älteste der Nordseebäder, Baltrum das verschlafene Dornröschen mit Puderzuckersand. Langeoog lockt mit einem 14 Kilometer langen Sandkasten und herrlichen Wanderwegen, Spiekeroog mit Pferdebahn sowie Nordsee-Titanic und Wangerooge, die östlichste der sieben Schwestern, mit dem schönen Bade-

Der größte Sandkasten der Welt: Burgenbauen und Buddeln am Strand

Insel-Eselsbrücke

*Sie können sich einfach nicht merken, in welcher Reihenfolge die sieben ostfriesischen Inseln in der Nordsee liegen? Dann hilft Ihnen bestimmt diese kleine Eselsbrücke: „**W**elcher **S**eemann **l**iegt **b**ei **N**anni **i**m **B**ett?" (von Ost nach West: Wangerooge, Spiekeroog, Langeoog, Baltrum, Norderney, Juist, Borkum). Streng genommen gehören auch Mellum vor dem Jadebusen und Memmert südlich der Juister Westküste zur Familie, doch sie sind reine Vogelschutzgebiete.*

strand unterm „Café Pudding". Sie alle sind „Kinderinseln". Langeweile hat keine Chance, denn die Kurverwaltungen bieten geradezu einen Vergnügungsmarathon: Spiele, Theater, Wettbewerbe – wer alles mitmachen will, braucht Urlaub vom Urlaub.

Schlösser und Heldensagen

Und da ist die Küste, vollgepackt mit malerischen kleinen Fischer- und Sielhäfen: Greetsiel, Schmuckstück der Küste, oder Carolinensiel, früher Heimat eleganter Segelschiffe, die Weltmeere befuhren, Marienhafe, einst Tummelplatz sagenumwobener Piraten um den Anführer Klaus Störtebeker, die die Nordsee in Atem hielten. Zu den Attraktionen und zur Geschichte dieses Landstrichs gehören stolze Burgen ostfriesischer Häuptlinge ebenso wie die kargen Lehmhütten der Moorarbeiter. Nicht weniger ruhmreich als die Vergangenheit ist die Gegenwart: Bremerhaven besitzt einen der größten Containerterminals, Emden einen der wichtigsten Autoverladehäfen der Republik. Die Küste ist gesäumt von einem breiten Streifen fruchtbarer Marschen, die der Mensch in jahrhundertelangem Kampf dem Meer abgerungen hat. Hinter dem Deich ducken sich kleine Dörfer mit alten Kirchen, wuchtigen Bauernhöfen, tollkühn konstruierten Windmühlen und rot-weiß geringelten Leuchttürmen. Das Bild vervollständigen die windgekämmten Bäume, sogenannte „Windflüchter" und viel, viel flaches Land – so flach, dass man morgen schon sieht, wer übermorgen zu Besuch kommt.

Moin, moin

Endlose Weite mit grünem Weideland, gelben Rapsfeldern, blitzblanken Dörfern und schmucken Gärtchen. Auf den Bänken sitzen Großväter mit blauen Schippermützen, rauchen Piep (Pfeife) und grüßen freundlich „moin, moin" (auch wenn es später Nachmittag ist). Selbst die schwarz-bunten Eulalias, wie hier alle Kühe heißen, und die Schafe, die auf den Deichen das Gras fest trampeln, scheinen vor sich hin zu lächeln. Wasser satt bietet auch das Festland. Die Binnen- oder Moorseen sind teilweise so kinderfreundlich flach, dass man nicht einmal den Boden unter den Füßen verliert. Diese Gewässer eignen sich optimal zum Tret- und Schlauchbootfahren, zum Schwimmenlernen und für die ersten Surfversuche. Wie blaue Aale ringeln sich fischreiche Kanäle durch das Binnenland – eine Freude für Fischers Fritz, natürlich nur mit Angelschein.

Ostfriese oder Oldenburger?

Die 15.000 Quadratkilometer große ostfriesische Halbinsel liegt im Nordwesten Niedersachsens. Das historische Ostfriesland bestand aus dem westlichen Teil, dem ehemaligen Regierungsbezirk Aurich, und war bis 1744 die selbstständige Reichsgrafschaft Ostfriesland. Der östliche Bereich, inklusive Wangerooge, gehörte ab dem 14./15. Jahrhundert zu Oldenburg. Ein Bewohner Wangerooges ist also streng genommen kein Ostfriese, sondern ein Oldenburger!

„Schietwetter" ade

Klar, es gibt auch die Tage, an denen der Regen prasselt, die Nordweststürme über das Land peitschen, der Horizont zusammenschrumpft und die Strandkörbe verlassen hinterm Deich kauern. Doch davon sollte man sich nicht schrecken lassen. Langeweile ist auch bei „Schietwetter" ein Fremdwort – und baden kann man trotzdem. Fast jeder Küsten- und Inselort besitzt ein beheiztes Meerwasser-Hallenbad, in dem die Kinder über künstliche Wellen hopsen und auf langen Rutschbahnen in die Fluten gleiten können. Zudem liegen zwischen Binnenland und Waterkant Blumenmeere, ein Urwald, modern ausgestattete Erlebnisbäder, Freizeit- und Vergnügungszentren, Tierparks und Aquarien mit internationaler Besetzung sowie eine Menge auch für Kinder interessanter Museen. Ganz groß sind die Ferienorte im Kinderbetreuungsprogramm, außerdem sorgen Babysitterdienste dafür, dass die Erwachsenen auch mal was allein unternehmen können.

Watt für Entdecker

Sogar spazieren gehen bekommt an der Nordseeküste eine richtig spannende Note: Stundenlang kann man am Deich wandern und die knuddeligen Schafe beim Rasenmähen beobachten oder am Meer entlang schlendern, Strandgut sammeln und das faszinierende Schauspiel von Ebbe und Flut erleben. Doch am meisten Spaß macht die Erkundung der Wattlandschaft, jenes geheimnisvollen Lebensraums zwischen Land und Meer, in dem es vor Lebewesen nur so wimmelt. Es ist ein unvergleichliches Gefühl, über den Meeresboden zu wan-

Ostfriesenwitze

„Wie melken die Ostfriesen eine Kuh? Vier Männer heben die Kuh rauf und runter, einer hält das Euter fest ..." „Wer trägt Rollkragenpullover, um die Gewinde ihrer Holzköpfe zu verbergen? Die Ostfriesen!" Zumindest in den Ostfriesenwitzen. Über sie lachte spätestens seit den Otto-Filmen die ganze Nation. Doch den Ostfriesen zum Trost sei bemerkt, dass es jede Minderheit einmal trifft, Deppen der Nation zu spielen: die Schildbürger, die Sachsen, die Bayern ...

Huch, wo ist denn das Meer geblieben? Wattwandern macht allen Spaß

dern. Die Füße voll von weichem Schlick, von dem sich zu Hause noch wochenlang Spuren in Schuhen und Strümpfen finden werden.
Kinder wollen vor allem eins: Sommer, Sommer und noch mal Sommer. In den Monaten Juli und August herrscht dementsprechend Hochbetrieb an der Nordseeküste. Die meisten Urlaubsorte sind für ihre Gäste bestens gerüstet. Es werden Spiele, Wettbewerbe für Groß und Klein, Sommer- und Hafenfeste veranstaltet. Jedes kleine Dorf feiert mit Leckereien zum Essen und Trinken. Die Feste sind gute Gelegenheiten, mit den Einheimischen Kontakt zu schließen. Es heißt oft, die Ostfriesen seien Fremden gegenüber verschlossen. Glauben Sie's nicht! Sie sind erdverbundene Menschen, die sich über jeden Gast freuen. Wenn Kinder dabei sind, ist der Kontakt ohnehin schnell geknüpft. In der Hochsaison ist es ratsam, rechtzeitig – und zwar mehrere Monate im Voraus – zu buchen, sonst hat man das Nachsehen. Ohne festes Quartier loszufahren ist überhaupt keine gute Idee. Familien mit kleinen Kindern, die sich nicht nach den Sommerferien der Schule richten müssen, sollten sich überlegen, ihren Urlaub in die Nebensaison zu legen. Dann versprühen Inseln und Küste einen ganz besonderen Zauber – und außerdem kosten die Ferien im Schnitt nur die Hälfte. Im Frühjahr können Sie windgeschützt im Strandkorb die ersten Sonnenstrahlen genießen. Herbstzeit ist Sturmzeit. Stemmen Sie sich gegen den

Wind, spüren Sie das frische Prickeln im Gesicht, das Ihre Haut kostenlos massiert. Und wenn es regnet, stecken Sie die Kinder in einen gelben Friesennerz sowie Gummistiefel, und die Entdeckungstour kann losgehen!

Auf Eiskanälen schöfeln

Einen ganz besonderen Reiz hat die Nordseeküste im Winter. Die Dünen verwandeln sich in bizarre Eislandschaften, Kanäle und Seen sind zugefroren. Die Deiche eignen sich als Langlaufloipen oder für erste Snowboard-Versuche, auf den Eisflächen kann man Schlittschuh laufen – oder schöfeln, wie es hierzulande heißt. Jede Schlittschuhpartie wird mit Glühweinständen und Würstchenbuden zur Party. Anschließend wärmt man sich mit Grünkohl oder einem goldgelben Tee mit Kluntjes (Kandiszucker) und Sahne die Glieder. Zu beachten ist jedoch, dass außerhalb der Hauptsaison nicht alle Unterkünfte geöffnet sind. Für manche geht der Betrieb zu Ostern los, andere starten erst Ende Mai. Welchen Zeitpunkt oder Standort Sie für Ihren Nordseeurlaub wählen, am Ende werden Sie in große traurige Kinderaugen blicken und gemeinsam feststellen: Die Ferien waren einfach viel, viel zu kurz. Aber: „Ander Jahr kommen wie weer!“

Ein bisschen Platt ...

Schon aufgefallen? Mit einem frischen „moin, moin“ wird man von den Ostfriesen auch am Abend begrüßt. Der Gruß hat nichts mit „guten Morgen“ zu tun, „moin“ leitet sich ab von „moi“, bedeutet schlicht „schön“ und kann den ganzen Tag benutzt werden. Hier einige Redewendungen – mit deutscher Übersetzung.

Sück up de Stap maken – sich auf den Weg machen
Nu geiht dat los. – Es geht los.
Wi geiht jo dat? – Wie geht es euch?
Ik heet ... – Ich heiße ...
Wi kaamt hüüt van ... – Wir kommen heute aus ...
Sünd se hier born? – Sind Sie hier geboren?
Wat gifft dat för Weer? – Wie wird das Wetter?
Gifft dat en Unweer? – Gibt es ein Unwetter?
Wi laat hebbt wi dat? – Wie spät ist es wohl?
Wi düer is dat? – Wie teuer ist das?
Ik bün verklaamt. – Ich bin durchgefroren.
De laatscht as en ole Koh. – Er geht wie eine alte Kuh.
Dor hebbt si mi överdüvelt. – Man hat mich hereingelegt.
Dat is enerwegens. – Das ist egal.
Wi sünd bannig smachtig. – Wir sind sehr hungrig.
Wi snacken Platt. – Wir sprechen Platt.

Was Eltern wissen sollten

Sie machen Urlaub im Land der Windwichtel, der Meerjungfrauen, der Wasserwesen, der Strandläufer, der Burgherren, der Schlossfräulein, im Kinderferienland. Kinderfreundlichkeit wird an der Nordseeküste und auf den Inseln ganz groß geschrieben. Das bedeutet für Sie einen relativ stressfreien Urlaub. Die meisten Hotels, Ferienzentren, Restaurants und Cafés sind auf „jungen" Besuch eingestellt und halten eine kindgerechte Ausrüstung vom Kinderstuhl über den Kinderteller bis zur Bücherecke bereit. Allerorts gibt es Spielplätze und gut ausgestattete Spielhäuser mit Platz zum Basteln, Werken, Plaudern, Träumen – Räume mit Inventar, das jedes Kinderherz höher schlagen lässt: von der Legokiste über Stifteschachteln, vom Leimtopf und Spielesortiment bis zur Kuschelecke samt Plüschsessel und Stofftieren.

Das Nordseeklima stärkt die Abwehrkräfte

Auch sonst sind Sie auf der sicheren Seite: In jedem Ort finden Sie einen Supermarkt, bestückt mit so gut wie allem, was Sie und Ihre Familie von zu Hause gewohnt sind. Banken und Poststellen befinden sich überall in nächster Nähe, für die medizinische Versorgung ist ebenfalls gesorgt. Das Nordseeklima ist gesund – besonders für Haut und Atemwege. Das Reizklima und die sauerstoffreiche, jodhaltige Seeluft stärken die Abwehrkräfte des Körpers. Atmen Sie also tief das maritime Aerosol ein, selbst Allergiker können bedenkenlos aufat-

Die frische Seeluft macht besonders in den ersten Urlaubstagen schnell müde

men und durchschnaufen. Die klimatischen Verhältnisse und der vorherrschende Nordwestwind, der pollenarme Luft vom Atlantik bringt, sind eine Wohltat für Heuschnupfengeplagte. Am Meer sind zudem sogenannte negative Ionen unterwegs, und die sorgen für positive Stimmung. Hüpfen Sie mutig zusammen mit den Kindern über die Wellen und ins Meer – das stärkt die Durchblutung und hebt die Laune! Alle Insel- und einige Küstenorte sind staatlich anerkannte Nordsee-Heilbäder. Die Kurmittelhäuser dürfen auch Nicht-Kurende nutzen, spezielle Angebote können auf eigene Rechnung in Anspruch genommen werden. Am besten, Sie besorgen sich gleich nach der Ankunft die Infomagazine der Kurverwaltung. Darin steht alles Wissenswerte über Ihren Urlaubsort sowie jede wichtige Adresse und Telefonnummer für den Notfall. Notfalapotheken und dienst-habende Ärzte stehen auch in den regionalen Tageszeitungen.

Alles unter „Baywatch-Kontrolle“

Die jährliche ADAC-Untersuchung der Wasserqualität bescheinigt dem Meer an der Küste Niedersachsens jedes Jahr „einwandfrei saubere“ Wasserqualität. Einzige Ausnahme bilden die unmittelbaren Mündungsgebiete von Elbe, Weser und Ems. Die Strände sind meist flach und zudem von „Baywatchgirls/-boys“ bewacht. Und die guten Seelen leisten auch noch mehr: Sie kleben z. B. Pflaster auf aufgeschlagene Knie, verwahren Wertsachen und geben Antworten auf diverse Fragen der Badegäste. Sie können also völlig unbesorgt planschen – vorausgesetzt allerdings, Sie beachten ein paar Regeln, denn Strömungen, scharfkantige Buhnen und plötzliche Erschöpfung überraschen auch mal geübte Schwimmer. Die roten Warnbälle informieren über die Badesituation: Ein hochgezogener roter Warnball bedeutet Badeverbot für Kinder und Nichtschwimmer. Hängen zwei rote Bälle draußen, ist es absolut verboten, ins Wasser zu gehen. Nicht empfehlenwert ist außerdem das Baden außerhalb der bewachten Strände. Bitte unbedingt daran halten! Weiteres zu Verhaltensregeln in Watt und Wasser → S. 100 (Kasten), 123. Die Wassertemperatur der Nordsee überschreitet selten 17 Grad. An heißen Tagen ist das herrlich erfrischend, bei Wind aber erbärmlich kalt. Auf jeden Fall sollten Sie das bei Ihrer Urlaubsplanung ins Kalkül ziehen und einen reinen Badeurlaub erst für August planen.

Vorbildlicher Umweltschutz

Der Nordseesand ist meist feinkörnig und absolut sauber, vor allem auf den Inseln. Im weltweiten Vergleich verdienen die Inselstrände Bestnoten. Gerade auch im ökologischen Bereich wird allerhand getan: Einwegflaschen, Getränkedosen und belastende Reinigungsmittel gibt es kaum mehr zu kaufen, es wird weitgehend biologisch geklärt und im Gelände stehen kostenlose Toiletten.

Pack die Gummistiefel ein

Um den Urlaub bei jeder Wetterlage genießen zu können, sollten Sie entsprechende Kleidung einpacken. Selbst im Hochsommer gehören ein dicker Pullover, feste Schuhe und ein Halstuch gegen den Wind immer mit in den Kof-

Mehr als Badeurlaub: Wer will, kann auf der Seute Deern (→ Kasten S. 70) speisen

fer. An der See ist es meist frischer als hinterm Deich. Die Temperaturen können auch am Strand innerhalb von Minuten um einige Grad fallen, wenn sich z. B. eine Nebelwand heranschiebt. Und auch ein kleiner Schauer ist im Sommer nicht unüblich. Nicht, dass es immer regnet, aber ab und zu eben schon. Und für diesen Fall sollten Sie für die ganze Familie Regenkleidung und Gummistiefel dabeihaben.

Vorsicht, Sonne!

Die Sonneneinstrahlung am Meer ist durch den hohen Salzgehalt der Luft und die Reflexionen von Wasser und Sand doppelt hoch.
Besonders tückisch ist der Wind, der immer leicht weht und kühlt. Die empfindliche Kinderhaut sollten Sie daher mit einem möglichst hohen Lichtschutzfaktor (mindestens LSF 30) schützen und regelmäßig nachcremen – vor allem nach dem Baden und den Sandspielen! Gecremt werden muss auch bei bedecktem Himmel und unter dem Sonnenschirm, denn die schädlichen Strahlen dringen auch durch die Wolkenschicht und in den Schatten.
In der Mittagszeit ist es ratsam, sich in das Hotelzimmer oder den Strandkorb zurückzuziehen. Sonnen- und Windschutzkons-truktionen gibt es überall zu kaufen. Baseballcap und Sonnenhut schützen Kopf und Gesicht, die Kinder sollten nur im T-Shirt herumtollen, denn sie sind besonders gefährdet: Bis zu 80 Prozent der lichtbedingten Hautschäden werden in den ersten 20 Lebensjahren erworben. Sollte Sie der Sonnenbrand doch erwischt haben, helfen Mittel aus der Apotheke oder ein Hausmittel: Kalte saure Sahne, Quark oder Joghurt auf die betroffenen Stellen auftragen.
Wenn sich die Haut stark rötet, Fieber und Kopfschmerzen auftreten, sollten Sie einen Arzt aufsuchen.

Strandkörbe am besten vorbestellen

Strandkorb vorbestellen

Weil die Gemütlichkeit des Strandkorbs so wichtig ist wie ein zweites Zuhause, reservieren viele Stammgäste das lieb gewonnene Teil schon im Voraus. Das bietet einige Vorteile: Man kann genau den Standort angeben, an dem der Strandkorb stehen soll, spart sich die Aufregung nach dem Ankommen und erhält einen Sondertarif sowie bei schlechtem Wetter eine Ermäßigung in den Wellenbädern. Jede Kurverwaltung bietet ihren Gästen diesen Vorbestellservice.

Es muss nicht nur Fisch sein: Riesbree und Rebbedi schmecken auch den Kleinsten

Essen & Trinken

Nordseeluft macht Bärenhunger! Nach einem ereignisreichen Tag knurrt der Magen meist so laut wie ein Hofhund. Deftig sind daher die Spezialitäten der ostfriesischen Küche – schließlich muss man sich für den nächsten Tag stärken! Eine Ausnahme bestätigt diese Regel: Das Köstlichste, was die Küste zu bieten hat, ist die Nordseekönigin Granat – die ist ebenso schmackhaft wie kalorienarm.

Nordseekönigin Granat

Am besten schmecken die kleinen rosa Garnelen, meist Krabben genannt, direkt vom Kutter am Pier, frisch gefangen, schon an Bord in Seewasser gekocht. Das ist für die Kinder ohnehin spannender, als am Tisch in einem Lokal zu sitzen. Auch der Preis kann sich sehen lassen, für ein paar Euro bekommt man schon eine ganze Mahlzeit. Überall an der Nordseeküste liegen die dickbauchigen Krabbenkutter im Hafen vertäut, die meisten aber in den Hochburgen Greetsiel, Fedderwardersiel, Wremen und Dornumersiel. Doch erst kommt die Arbeit, dann der Genuss: Die Nordseekönigin will zunächst aus ihren „Gewändern“ gepellt sein – und dazu braucht es etwas Übung: Sie nehmen Kopf- und

Schwanzende der Garnele, verdrehen beide gegeneinander, bis es knackt, und ziehen die Hülle ab, die das Schwanzende umgibt. Fertig. Haut irgendwie nicht hin? Kein Problem, in jedem Fischgeschäft erhalten Sie Nachhilfe im „Krabbenpulen". Auch im Laden sollten Sie nur ungeschälten Granat kaufen. Nur dann können Sie sicher sein, dass die Tierchen aus der Nordsee stammen und keine Weltreise hinter sich haben.

Matjes & Co

Räucherfisch aus einer der vielen Räuchereien ist ein Hochgenuss – wie auch Matjes in jeder erdenklichen Zubereitungsart: mariniert, gesalzen, geräuchert, mit Zwiebeln, mit Kräutern oder als Heringssalat. In Sahnesoße mit Pellkartoffeln und grünen Bohnen kommt das ehemalige Arme-Leute-Gericht auch in Luxusrestaurants auf den Teller. Die klassische Version: Man packt den Hering am Schwanz und lässt ihn – mit dem Kopf im Nacken – nach und nach im Mund verschwinden. Emden ist die Hochburg dieser salzigen Leckerbissen. Jährlich reifen dort mehrere tausend Tonnen Heringe in Salzlake acht Wochen lang zu Matjes heran. In Erinnerung an die 400-jährige Geschichte der Heringsfischerei wird in Emden jedes Jahr im Mai kräftig gefeiert. Maischolle (gedünstet, gebraten, im eigenen Saft), Hecht (gedünstet oder gebraten), Makrele (gebraten und mit Zwiebelstippe) oder Aal (in Butter gebraten) sind Fischspezialitäten, die in vielen Lokalen angeboten werden. Besonders berühmt ist der Bad Zwischenahner „Smoor-Aal", den man ohne Messer und Gabel verspeist: Man zieht den Räucheraal mit den Händen ab und führt ihn quer zum Mund. Nach dem Essen werden die Hände vom Kellner mit Schnaps begossen, um den Fischgeruch wegzuspülen.

Ein Schlaraffenland!

„Ihhhhh, Fisch!!!", protestieren Ihre Kinder lauthals, schütteln sich demonstrativ und ziehen angewidert die Nasen kraus? Muss ja nicht sein. Ostfriesland ist schließlich auch das Schleckermäuler-Land schlechthin. Die süßen Sachen heißen „Riesbree" (Reisbrei mit Rosinen), „Rebbedi" (Nachtisch aus Milch und Mehl), „Roggenmehlflupp" (Brei aus Roggenmehl mit einem Löffel Sahne) und „Karmelkbree" (Buttermilchbrei) bzw. „Görtmelkbree" (Grützmilchbrei) – und das sind nur einige von ihnen. Dann gibt es noch leckere Buchweizenpfannkuchen in Dutzenden von Variationen: mit Früchten, mit Soßen, mit Zucker und Zimt. Und die allseits bekannte rote Grütze, mit frischer Sahne oder Vanillesoße serviert. Lecker! Und nicht zu vergessen die köstlichen „Teekeokjes" (Teekekse), Sandgebäck, die süßen „Schnecken" und die „Jeversche Leidenschaft", ein Blätterteiggebäck in Brezelform ... Dazu gibt's süße heiße Schokolade mit einem dicken Sahnehäubchen drauf. Hmmm ...

Deftige Seemannskost

Die „Ostfriesenpalme" ist Grünkohl, also alles andere als ein exotisches Gewächs. Das Kultgemüse wird nach dem ersten Frost geerntet und zwischen November und März angeboten. Man isst es mit durchwachsenem Speck, Kasseler oder Pinkel, einer geräucherten Wurst mit Speck, Zwiebeln und Hafergrütze. Als

Erst mal eine Tasse Tee: Der Genuss des Heißgetränks ist Kult an der Nordseeküste

echtes Seemannsessen gilt Labskaus: ein Eintopfgericht mit pürierten Kartoffeln, Zwiebeln und gepökelter Rinderbrust, gehackt. Alles zusammen wird mit Brühe sämig gekocht. Rote Bete, Gewürzgurke und eingelegte Heringe gehören auch dazu. Entweder gibt man sie direkt in die Masse oder serviert sie als krönende Beilage.

Viele Einheimische freuen sich schon lange vor Ostern auf den traditionellen Braten: Das zarte Fleisch der ostfriesischen Deichlämmer, die auf Salzwiesen geweidet haben, schmeckt besonders aromatisch. Im Herbst stehen Reh, Fasan und Ente auf den Speisekarten. „Sniertjebraa", ein deftiger Schweinebraten, in Zwiebeln geschmort und mit Soße serviert, war früher der Höhepunkt eines jeden Schlachtfestes.

Der flüssige Zusatz

Zum guten Essen trinkt man natürlich „friesisch-herbes" Bier, Jever z. B. Es hat seine Produktionsstätten eben in ... Jever. Wer möchte, kann die Brauerei besichtigen (→ S. 62) und den Weg von Hopfen und Malz nachverfolgen. Und haben Sie sich eine der herzhaften und gehaltvollen Spezialitäten gegönnt, könnte es durchaus sein, dass Sie hinterher etwas Hochprozentiges benötigen. In Ostfriesland werden an die 200 Alkoholsorten hergestellt, Schnäpse und Liköre in den verschiedensten Geschmacksrichtungen.

Eine besondere Sitte ist der „Löffeltrunk" aus dem Ammerland: Man trinkt den Korn aus einem Zinnlöffel, den man mit der linken Hand zum Mund führt. Die rechte, „arbeitende" Hand ruht sich am Abend aus.

„Is Teetid"

Getrunken wird an der Nordseeküste aber vor allem Tee. „Is Teetid" heißt es dann. Und „Teetid" ist morgens, mittags, nachmittags, abends – und zwischendurch. Vor allem aber um 11 Uhr. Der „Elfürtje" ist den Einheimischen heilig und wird dementsprechend zelebriert.

So viel vorweg: Teebeutel zählen hierzulande zu den Todsünden. Einfach Beutel reinhängen, Wasser dazu gießen, ziehen lassen, trinken? Niemals!

Die Zubereitung des Tees erfordert Sorgfalt und Muße: In die vorgewärmte Kanne wird pro Tasse ein gehäufter Löffel Tee gegeben, plus ein extra Löffel für die Kanne. Darüber wird sprudelnd heißes Wasser gegossen, gerade so viel, dass die Teeblätter (Ostfriesenmischung: Assam-, Ceylon- und Sumatra-Tee) bedeckt sind. Das Wasser sollte weich und ungechlort sein, am allerbesten wäre Regenwasser. Dieser Sud muss drei bis fünf Minuten ziehen, dann erst wird heißes Wasser nachgegossen. Ins dünnwandige „Köppke" legt man ein bis zwei „Kluntjes", dunkel-goldgelb sollte der Tee dann hineinfließen. Der Kandis muss knistern und die echte Sahne, mit einem speziellen Löffel vorsichtig eingelassen, weißlich-braune Wölkchen im Tee bilden. Das Rahmwölkchen verteilt sich langsam – und ja nicht umrühren! Der echte Ostfriese schlürft nun den Tee von herb auf süß, denn zum Schluss will er die ganze Süße der „Kluntjes" auf der Zunge genießen.

Nach drei Tassen Tee wird der Teelöffel in die leere Tasse gestellt, um zu signalisieren, dass man genug hat – und nur dazu ist er da. Aber auf dem Herd summt schon wieder der Wasserkessel.

Buddeleimer, Bagger, Badetiere – die perfekte Ausrüstung für einen Strandtag

Mit den Einheimischen tafeln

Wenn sich ein Restaurant mit dem Zusatz „wie bei Muttern" anpreist, ist meist Vorsicht geboten. Oftmals werden dicke Portionen zu großen Preisen mit wenig Geschmack aufgetischt. Wenn Sie auf der Suche nach einem landestypischen Lokal sind, kehren Sie dort ein, wo die Ostfriesen zum Essen gehen. Entweder Sie orientieren sich an den Autokennzeichen auf dem Parkplatz oder Sie fragen einfach nach. Scheuen Sie sich nicht, etwa eine Boßelrunde (→ S. 124) auf der Straße um Rat zu fragen. Die Einheimischen haben die besten Tipps und sind meist auch sehr auskunftsfreudig. Richtig gemütlich sind die ostfriesischen Teestübchen. Und damit sich die Eltern stressfrei der Teezeremonie hingeben können (→ oben), haben viele Besitzer für die Kinder Spielecken eingerichtet oder einen großen Korb voller Spielzeug und Kinderbücher parat.

KINDERFREUNDLICHE STRÄNDE

Wangerooge

Drei Kilometer lang, 50 bis 60 Meter breit, heller Puderzuckersand, seicht ins saubere Wasser führend und die Wellen hoch genug zum Drüberhüpfen – genauso müssen Strände aussehen! Wer baut die schönste Sandburg? Das ist denn auch die alles entscheidende Frage, wenn die kleinen Feriengäste mit Schaufel, Eimer und Förmchen ausgerüstet aus der bunten Inselbahn purzeln, die sie vom Hafen zum Dorfzentrum gebracht hat, und zum **Hauptstrand Wangerooges** durchstarten.
Vom Bahnhof führt die Einkaufszeile Zedeliusstraße direkt zum an der Strandpromenade gelegenen, kugelrunden Café Pudding und zum Hauptstrand darunter. Ost- und Westbad schließen sich nahtlos an. Gleichmäßig rauscht die Brandung, die kleinen Hände buddeln, Mama und Papa thronen im Strandkorb. Namen aus Muschelschalen erhalten die Kunstwerke auch noch, an Fahnenstangen flattern Flaggen. Und wenn dann die Flut kommt, wird es Zeit für den Hafenbau. Kanal graben, Leuchtturm formen, Minischiffchen rein. So machen Ferien Spaß! Wer Hunger bekommt, kann sich ins Café Pudding setzen und mit Blick auf das Strandleben etwas essen. Zum Nachtisch gibt's eine der herrlichen Sahne-, Buttercreme- oder Obsttorten – auch zum Mitnehmen bei der Konditorei Folkert am Fuß des Cafés.
Zehn Kilometer lang, aber höchstens 1,5 Kilometer breit ist die autofreie Nordseeinsel Wangerooge. Abwechslung zum faulen Stranddasein bieten ausgeschilderte Wege zu den Vogelschutzgebieten im Osten, naturkundliche Wanderungen, Ausflüge mit Erklärungen zu Krebsen, Schnecken, Muscheln und Würmern. Oder Sie wandern einfach auf dem Deich. Stundenlang.

Das seichte Wasser ist perfekt zum Boogieboarden geeignet

Anfahrt: *Schiffsdienst Wangerooge, Bahnhof Harlesiel, 26409 Wittmund, Tel. 04464-94 94 11. Die Fährabfahrtzeiten sind tideabhängig, die Fähren starten in Harlesiel. In der Regel stehen drei Abfahrten pro Tag auf dem Programm, die Fahrtzeit plus Inselbahn beträgt eine gute Stunde. Wangerooge ist eine autofreie Insel, Garagen liegen in Anlegernähe. Tageskarte Hin- und Rückfahrt: Erw. € 17, Kinder € 14, inklusive Inselbahn.*
Kurverwaltung Wangerooge: *Strandpromenade, Postfach 1620, 26480 Wangerooge, Tel. 04469-99-0, kurverwaltung@wangerooge.de, www.wangerooge.de.*

Langeoog

Wie eine gepulte Krabbe liegt Langeoog im Wasser: Halbinselkopf im Westen, Dorf Langeoog im mittleren Westen, Süd-Hafen und die 29 Meter hohe Melkhörndüne in der Mitte, im Osten Muschelfelder, Süderriff. **Langeoogs Badestrand**, rund zwei Kilometer lang und bis zu hundert Meter breit, wartet direkt vor dem Ort, abgetrennt durch einen Dünengürtel. Es gibt mehrere Zugänge zum Strand, über die Dünen zu gehen ist verboten. Am besten, man spaziert Richtung Wasserturm, rechts daran vorbei, und schon kann der Badespaß beginnen. Achtung: Durch den Sand auf den schrägen Bohlenwegen besteht Rutschgefahr.

Wo Krümelschlösser gemessen wurden ...

Dann kann's losgehen mit dem Sandburgenbauen. Inzwischen darf man wieder nach Herzenslust loslegen. Die Eltern müssen nicht mehr mit dem Maßband daneben stehen. Denn Langeoog versuchte sich vorübergehend an einer knallharten Sandburgenverordnung: Maximal 50 Zentimeter breit und 50 Zentimeter hoch durften die Krümelschlösser sein. So jedenfalls stand es im März 1998 in der Gemeindeverordnung. Die Empörung war groß, die Verordnung wurde gekippt. Wer mit dem Nachwuchs Fußball spielen möchte, marschiert ein paar Schritte am Wasser entlang zum **Sportstrand**. Im Sportpalast am Übergang Warmbadweg/Aquantis kann man Bälle und Torstangen ausleihen. Besonders bei Niedrigwasser eignet sich der Strand sehr gut dazu. Je nach Wetter werden für Kinder ab vier Jahren von 10 bis 10.45 Uhr Gymnastik oder Hüpfballrennen am Strand angeboten. Ist das Wetter nicht so schön, kann das Sportteam in die neue Sport- und Spielhalle an der Höhenpromenade ausweichen. Und wenn Sie gegen Mittag im Schatten liegen, könnten Sie Ihren Kindern die Geschichte von Siggi, dem Sandfloh von Langeoog vorlesen. Das Buch bekommen Sie im Buchladen.

Allgemeiner Strändewegweiser?

Keine Frage, die feinsten Sandstrände finden Sie auf den Inseln. Die Festlandküste ist Wattenküste, hat also vorwiegend Rasenflächen bzw. aufgeschüttete Sandstrände – mit Ausnahme von Dangast, das auf einem Geestrücken liegt. Ein weiterer Unterschied: An den Inselstränden, die dem offenen Meer zugewandt sind, kann man auch bei Ebbe noch baden, am Festland nicht. Standard ist überall die gute Ausstattung mit Toiletten, Umkleidekabinen, Cafés und Kiosks. Dazu gehört generell auch die Schlechtwetter-Alternative: das Erlebnis-, Spaß- oder Meerwasser-Wellenbad. Kurtaxe müssen Sie in allen Orten bezahlen, das Baden außerhalb der offiziellen Strände ist nicht erlaubt und auch nicht ratsam.

Im Bollerwagen lassen sich die Strandutensilien prima an den Strand schaffen

Anfahrt: *Schifffahrt der Insel Langeoog, Hauptstr. 28, 26465 Langeoog, Tel. 04972-69 32 60, schiffahrt@langeoog.de, www.schiffahrt-langeoog.de. Langeoog-Fähren sind nicht gezeitenabhängig, fahren somit nach einem festen Fahrplan. Im Sommer verkehren sie zwischen 8 und 19 Uhr etwa alle 1,5 Stunden, sonst fünfmal täglich ab Bensersiel. Die Fahrtzeit beträgt etwa 45 Minuten. Langeoog ist autofrei, in Bensersiel gibt es gleich am Hafen bewachte Garagen und Parkplätze, z. B. „Autogaragen Arians", Am Hafen 12. Der Inselparkplatz vor dem Deich ist nicht sturmflutsicher, wird daher nur von Tagesgästen genutzt. Auf der Insel geht es ab Hafen mit der Inselbahn weiter, der Preis ist im Fährtarif enthalten. Die Fahrt in den zwei Kilometer entfernt gelegenen Ort dauert wenige Minuten.*

Kurverwaltung Langeoog: *Hauptstr. 28, 26465 Langeoog, Tel. 04972-69 30, kurverwaltung@langeoog.de, www.langeoog.de.*

Baltrum

Baltrum lockt mit einem Drei-Kilometer-Strand mit allerfeinstem Sand. Allerdings: Seine Breite schwankt stark mit den Gezeiten, bei Niedrigwasser kann er bis zu 200 Meter breit sein, bei Hochwasser schrumpft er auf etwa die Hälfte, und die Strandzelte müssen flugs nach hinten gerückt werden.

Baltrum ist autofrei, deswegen schön ruhig und die Kinder können an den Straßen gefahrlos spielen. Mehr als ein Bollerwagen ist auch gar nicht nötig, denn nirgendwo geht man länger als zehn Minuten zum Strand. Für Kleinkinder und den Transport von Schaufel und Co. kann man sich die praktischen Wagen.in der **Kurverwaltung** ausleihen.

Der beste Standort für einen Badetag ist der lange weiße **Bade- und Burgenstrand unterhalb der Strandpromenade**, an dem Strandkörbe mit Strandzelten konkurrieren. Die Brandung hat gerade die richtige Höhe – nicht zu lasch, aber auch nicht zu heftig. Bei ablaufendem Wasser rennt man ins Watt, sucht Strandkrabben und kleine Schollen, die sich im Boden eingegraben haben, oder baut mit den Kindern einen Damm gegen das ablaufende Wasser.
Die „Stadt" besteht aus zwei ineinander übergehenden Ortsteilen, Ost- und Westdorf, in einer guten halben Stunde sind Sie zu Fuß durchlaufen. Genau 180 Schritte vom Hafen entfernt kann man sich im Nationalparkhaus über die Natur auf der Insel informieren. Was gibt sonst es noch? Etwa 300 Meter vom Strand entfernt kommen Sie in ein Wäldchen. Von dort geht man nur über die Straße, um vom höchsten Punkt der Insel, der 13 Meter hohen Aussichtsdüne, einen herrlichen Rundumblick zu genießen. Langweilen dürften sich die Kleinen auf Baltrum kaum, denn die Kurverwaltung veranstaltet ein buntes Programm: Malen, Laternenumzüge, Burgenbauwettbewerbe, Clownsvorstellungen. Infos hängen im Kurhaus aus. Es gibt vier Spielplätze und einen Spielteich an der Wattseite zwischen West- und Ostdorf. Der Kurverwaltung ist ein Spielkreis angeschlossen, der sich im kleinen Saal unter der Turnhalle trifft (Di, Mi, Fr 15-17 Uhr). Für Badespaß bei stürmischem Wetter sorgt das **SindBad**, Wasserrutschen hoch vom Felsen münden in glitzerndes Meerwasser, darunter befindet sich eine geheimnisvolle Grotte mit Wasserfall. Abenteuerlich.

Anfahrt: *Reederei Baltrum Linie, Postfach 123, 26572 Baltrum, Tel. 04939-91 30-0, info@baltrum-linie.de, www.baltrum-linie.de. Der Fahrplan ist tideabhängig, im Sommer verkehrt die Fähre ab Neßmersiel dreimal pro Tag, die Fahrt dauert 30 Minuten. Baltrum ist autofrei, direkt am Anleger gibt es einen Großparkplatz. Wer seinen Wagen länger unterbringen möchte, kann ihn in einer Garage abstellen (z. B. Westerdeicher Str. 95).*
Kurverwaltung Baltrum: *Postfach 1355, 26572 Baltrum, Tel. 04939-800, gemeinde@baltrum.de, www.baltrum.de.*
SindBad: *26579 Baltrum, Tel. 04939-80 61, sindbad@baltrum.de, www.baltrum.de. Mo-Sa 10-18 Uhr (1. Juli-15. Sept ab 12 Uhr). 1 Std: Erw. € 3, Kinder € 2, Familienkarte (2 Std.) ab € 9.*

Besuch beim Schutzpatron der Seefahrer

Wussten Sie, dass der heilige Nikolaus der Schutzpatron der Seefahrer ist? Besuchen Sie doch mal die hübsche katholische Kirche (Nr. 34) auf Baltrum. Darin können Sie herrliche Glasfenster bewundern, die Szenen aus dem Leben des heiligen Nikolaus erzählen. Die Künstlerin Margarete Franke hat die Fenster speziell für Kinder geschaffen. Eine Broschüre mit Erläuterungen liegt in der Kirche aus.

Norderney

Welcher Strand auf Norderney ist denn nun der schönste? Das muss wohl jeder nach seinen eigenen Vorlieben entscheiden. Eines haben alle gemein: Einsam werden Sie sich nirgendwo fühlen. Norderney ist die meistbesuchte ostfriesische Insel, Gäste und Autos werden zur Hochsaison zu Tausenden eingeschifft, auf 15 Kilometern Strandlänge können schon mal mehr als 5.000 Strandkörbe kommen. Norderney hat vier Badestrände: den Weststrand, Nordstrand, Ostbadestrand Weiße Düne und den FKK-Strand mit Strandsauna. Der landschaftlich schönste ist die **Weiße Düne**. Dorthin kommt man mit der Insellinie, die in der Saison stündlich ab Busbahnhof Jann-Berghaus-Straße fährt, sonst viermal am Tag. Auf der Fahrt kommen Sie am Restaurant-Café „Meierei" vorbei – vielleicht ein Tipp für die Mittagspause. Wer es ungezwungen mag, ist in „Mai's King SB-Grill" im

So einsam ist es an Norderneys landschaftlich schönstem Strand nur selten

Zentrum, Jann-Berghaus-Str. 19, nicht weit vom Weststrand, gut aufgehoben. Die Weiße Düne ist ein langer Sandstrand, an den sich weiße und graue Dünen anschließen. Einmalig sind die durch Windausblasungen entstandenen Dünentäler, in denen sich Süßwasser gesammelt hat, man aber nicht baden kann. Wenn es Ihnen und Ihren Kindern reicht, im Sand zu spielen und zu schwimmen, sind Sie dort an der richtigen Adresse.

Seehunden „Hallo" sagen

Ein angenehmer Spaziergang führt von der Weißen Düne weiter bis zum Ostende der Insel. An der **Rattendüne** liegt ein bunt bemaltes Wrack, der Rest eines Muschelbaggers, weitgehend trocken auf einer kleinen Sandbank. Bei Tidenhöchststand wird die Bank zum Inselchen, bei normalem Hochwasser kann man hinüberwaten. Dahinter, an der Fahrrinne nach Baltrum, reihen sich die Seehunde. Sie trennt ein Drahtzaun vom Strand, der nicht überstiegen werden darf. Unterhalb der Rattendüne befindet sich von März bis Oktober ein Nationalpark-Infostand. Im Nationalparkhaus kann man anhand einer Ausstellung Einblicke in den Lebensraum Wattenmeer, Informationen über Tiere, Pflanzen und die Landschaft erhalten. Auch Führungen durchs Watt, am Strand oder durch die Salzwiesen werden angeboten.

Spaß bei schlechtem Wetter

Wenn Ihre Kinder lieber Action und Gesellschaft bevorzugen, dann sollten Sie sich am südwestlich gelegenen kinderfreundlicheren **Weststrand** niederlassen (ausgeschildert). Der Strand ist nicht dem offenen Meer zugewandt, daher rollt die Brandung nicht so stark. Kommt Langeweile auf, kann man sich auf einem der Spielplätze austoben. Im **Haus der Insel** findet dienstags, mittwochs und donnerstags nachmittags ein wechselndes Kinderprogramm mit Puppentheater, Videofilmen und Zauberer statt. Ist das Wetter völlig daneben, wartet am Kurplatz das **bade:haus** – das größte Thalassozentrum Deutschlands – mit 60-Meter-Riesenrutsche, Spielzone, Kletterberg und Unterwassergrotte.

Anfahrt: *Reederei Norden-Frisia, 26534 Norderney, Tel. 04931-987-0, info@reederei-frisia.de, www.reederei-frisia.de. Ab Norddeich fährt im Sommer fast stündlich ein Schiff (etwa 1 Std. Überfahrt). Norderney ist nicht autofrei, doch ist es ratsam, das Auto auf dem Festland zu lassen. Alle Ziele erreicht man bequem mit dem Bus.*
Norderneyer Verkehrsbüro: *Bülowallee 5, Tel. 04932-91 85-0, info@norderney.de, www.norderney-touristic.de.*
Nationalparkhaus: *Am Hafen 1, 26548 Norderney, Tel. 04932-20 01, www.nationalparkhaus-norderney.de. Nov-Apr Di-So 10-17, Mai-Okt Di-So 9-18 Uhr. Erw. € 2, Kinder € 1, Familien € 5.*
Haus der Insel: *26548 Norderney, Tel. 04932-87 41 82.*
bade:haus: *Am Kurplatz 3, 26548 Norderney, Tel. 04932-891-0, info@norderney.de, www.badehaus-norderney.de. Wellenbad: tgl. 9.30-18 Uhr. 3 Std.-Ticket: Erw. € 7, Kinder (4-17 J.) € 4 (unter 4 J. frei), Familien € 15.*

Esens-Bensersiel

Einen kilometerlangen, flach abfallenden Strand, feinen Seesand, weite grüne Strandwiesen – das bietet Esens-Bensersiel, ein für seine Kinder- und Familienfreundlichkeit ausgezeichnetes Nordseeheilbad. An der Hauptstraße oder bei der Kurverwaltung können Sie den Wagen parken, dann über „Am Strand" gemütlich zum Wasser schlendern. Der **Badestrand** hat Grasflächen ebenso wie Sand – und natürlich ist alles Notwendige vorhanden: Strandkörbe, Strandcafé, Eisbuden, Toiletten, Umkleidekabinen. Genug gebadet? Dann ab zum Toben, Spielen, Klettern ins Spielhaus Kunterbunt (→ S. 43) mit Abenteuerspielplatz, Kletterburgen und Kletterschiff Hoppetosse gleich neben dem Meerwasserschwimmbecken am Strand.

Quarterpipe und Jump-Ramp

Ältere Kids werden sich für den maritimen Sportthemenpark, ebenfalls direkt beim Wellenfreibad, begeistern. Hier gibt's Action pur: Beachsoccer-Courts, Beachvolleyball-Courts, Skaterfläche mit Quarterpipe, Jump-Ramp, Funbox. Veranstaltungen und Termine werden bei der **Kurverwaltung** bekannt gegeben. An Nieseltagen sorgt die **Nordseetherme Sonneninsel** für Abwechslung. Im ganzen Bad stehen Bananen- und Apfelsinenbäume. Jede Altersgruppe hat ihren eigenen Treffpunkt vom Sonni-Kinderbad mit kleinen Tierfiguren und Dschungelgrotten mit Krokodil und Gorilla für die Kids bis zur Thalasso-Behandlung oder dem Kleopatrabad für die Mamas. Für die Großen bietet die Nordseetherme jeden Freitag ab 20 Uhr ein spezielles Bonbon: den Romantikabend: schummriges Licht, sanfte Musik, ein Hauch von Eukalyptus ...

Anfahrt: *Bensersiel erreichen Sie über die Störtebekerroute.*
Kurverwaltung Esens-Bensersiel: *Am Strand 8, 26427 Bensersiel, Tel. 04971-91 70, info@bensersiel.de, www.bensersiel.de.*
Nordseetherme Sonneninsel: *Schulstr. 4, 26427 Bensersiel, Tel. 04971-91 61 41. Mo, Di, Fr 10-22, Mi 10-21, Do 11-21, Sa, So 10-20 Uhr. 4-Std.-Ticket: Erw. € 10, Kinder € 5 (der ganze Tag € 13 bzw. € 6,50), Familientagesticket (2 Erw., 1 Kind) € 29,30.*

Tee und Seife gegen Juckreiz

Sie sind zu lange in der Sonne geblieben? Nase und Rücken leuchten knallrot und jucken unangenehm? Bei Sonnenbrand helfen ein paar Hausmittel gegen den lästigen Juckreiz: Legen Sie einen nassen Schwarzteebeutel auf die betroffene Stelle oder tragen Sie kühlen Jogurt bzw. Quark auf. Ist für den Juckreiz ein Mückenstich verantwortlich, streichen Sie mit einem Stück feuchter Seife über die Stelle.

Neßmersiel

Neßmersiel ist klein, gemütlich und „untouristisch". Westlich des Hafens erstreckt sich ein **Sandstrand** mit farbenfrohen Strandkörben und einem Kinderspielplatz. Ohne großartige Kureinrichtungen können Sie das Meer genießen. Schlechtes Wetter? Dann gewährt die **Strandoase** Unterschlupf, eine künstliche Strandlandschaft unter Glas. Die Großen können dort im Strandkorb faulenzen, die Kleinen auf einer Megarutsche in den Sand rutschen. Wer richtig Action will, ist im Sturmfrei richtig, der größten Familien- und Freizeitanlage an der Nordseeküste (→ S. 95).

Mit der Familie ins Watt

Interessant sind die Wattwanderungen nach Baltrum, Norderney oder Langeoog, zurück geht es sogar an einer Seehundbank vorbei. Die Wegstrecken sind jedoch bis zu zehn Kilometer lang, für Kinder ist das oft zu beschwerlich. Daher wird im küstennahen Watt eine circa 1,5-stündige Familienwattwanderung angeboten – kindgerecht aufbereitet. Auch Kinder unter acht Jahren dürfen teilnehmen. Erklärt wird so, dass jeder gut folgen kann (→ S. 99).

Anfahrt: *Die Störtebekerroute führt von Norden aus weiter Richtung Osten durch den Küstenort Neßmersiel.*
Kurverwaltung Dornumersiel:
Hafenstr. 3, 26553 Dornumersiel, Tel. 04933-911 10, info@dornum.de, www.dornum.de.

Erlebnisbad Strandoase:
Störtebekerstr. 18, 26553 Neßmersiel, Tel. 04933-351. April-Okt 10-18, sonst 10-16.30 Uhr. mit Kurkarte frei, sonst Erw. € 5, Kinder (6-15 J.) € 3.

Immer wieder gibt's was Neues zu entdecken in Neßmersiel

Das Große Meer

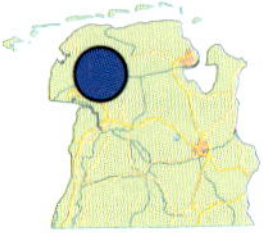

Träumen Sie nach all dem salzigen Meerwasser mal wieder von einem Bad im Süßwasser? Ohne salzige Lippen, klebrige Haare, weiße Kruste? Dann sollten Sie einen Badeausflug zum Großen Meer unternehmen. Der mit 450 Hektar **größte Binnensee Ostfrieslands** ist ein Flachmoorgewässer, das sich in einer Senkungszone zwischen Marsch und Geest gebildet hat. Der See bietet einen breiten Badestrand mit grünen Liegewiesen für Sandmuffel, und für Hobbyangler jede Menge Fische. Sein nördlicher Teil ist den Seglern und Surfern vorbehalten – auf diesem See meist Anfänger!

Immer festen Boden unter den Füßen

Das Beste am Großen Meer: Sie können niemals den Boden unter den Füßen verlieren. Denn selbst an der tiefsten Stelle misst der See gerade mal einen Meter. Kinder können also gefahrlos spielen, schwimmen, im Tret- oder Ruderboot losziehen oder ihre Kanugeschicklichkeit testen. Auch für erste Schwimmversuche oder Anfänger auf dem Surfbrett ist der See ideal. Wem der Magen knurrt, stärkt sich im Restaurant am See. Riesenspaß macht es, mit der „MS Fritz K." das flache Gewässer zu erkunden. Die ausgeschilderte Anlegestelle befindet sich nahe der Surfschule im nördlichen Teil. Das flache Boot, das früher durch die Sümpfe Floridas schipperte und bestimmt so manchen Alligator umschiffen musste, hat nur knappe 30 Zentimeter Tiefgang und bietet einer Handvoll Passagiere Platz. Wer den See erforscht hat, begibt sich auf Entdeckungsreise in die Kanäle: Der Flachmoorsee ist durch Gräben mit anderen Seen verbunden – keine Sorge, das Gebiet ist so übersichtlich, dass sich niemand verirren wird! Auch die Umgebung hat einiges für Kinder zu bieten. Etwa drei Kilometer entfernt liegen eine Reitanlage (mit „Pferd" ausgeschildert) und ein Minigolfplatz. Wer länger am Großen Meer bleiben möchte, kann sich in einem der einfach ausgestatteten Ferienhäuser am Ufer einmieten. Zu jedem Haus gehört ein Ruderboot mit Bootsanleger.

Anfahrt: *B 70 von Emden nach Aurich, Hinweisschild „Zum Großen Meer".*

Strandkinder anno dazumal

Heutzutage vergnügen sich die Kinder am Strand mit Plastikeimern, Baggern und Barbiepuppen. Zu Beginn des 20. Jahrhunderts sah die Kinderwelt ganz anders aus: Die Strandkinder von früher bauten aus bunten Holzklötzen Häuser, bastelten aus Stöckchen Schiffe und spielten mit Gummibällen. Nur eins blieb unverändert: Noch immer haben Kinder den größten Spaß daran, mit dem Fischernetz Seegetier einzusammeln.

Dangast

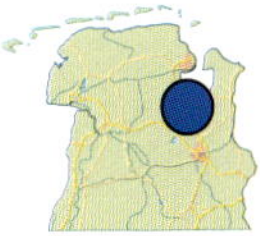

Dangast am Rande des Jadebusens war das erste Nordseebad Niedersachsens. Alte Fischerhäuser, im Hafen schaukeln Segelboote – der kleine Badeort hat etwas Beschauliches. Auf einem Geestrücken gelegen, besitzt er im Gegensatz zu den anderen Küstenbadeorten einen **natürlichen Sandstrand**: schön breit und zwei Kilometer lang. Für Strandaction ist gesorgt, hungrige Wasserflöhe können sich im Strandrestaurant stärken. Ein Schatz lagert unter der Erde: Jod-Sole-Wasser. Im Sole-Freizeitbad, Teil des **Quellbades** direkt am Strand, können Sie sich in warmem Wasser entspannen. Draußen gibt es ein Erlebnisbecken mit Strömungskanal, einen Kinderbereich und eine Wasserrutsche. Für Regentage ist ein Hallenbereich mit Kinderbecken vorhanden. Im Dangast-Haus, Sitz der **Kurverwaltung**, stehen den kleinen Gästen Spiele und Spielgeräte zur Verfügung. Interessantes Ziel im Watt ist auch der Leuchtturm Arngast, den man bei Ebbe gut zu Fuß erreichen kann.

Anfahrt: *Dangast erreichen Sie über die Störtebekerroute.*
Kurverwaltung Dangast: *Am Alten Deich 4-10, 26316 Varel/Dangast, Tel. 04451-91 14 13, info@dangast.de, www.dangast.de.*
DanGastQuellbad: *Edo-Wiemken-Str., 26316 Varel, Tel. 04451-91 14 41. April-Okt tgl. 9-21 Uhr, Nov-März Mo-Fr 14-21, Sa, So 9-21 Uhr. 3,5 Std-Ticket: Erw. € 4, Kinder (6-15 J.) € 2 (bis 6. J. frei), Familien € 10.*

Dangast ist der einzige Festlandbadeort der Region mit natürlichem Sandstrand

Horumersiel-Schillig

„Mama, mir ist sooo langweilig, niemand spielt mit mir!" Diesen Satz werden Sie von Ihrem Nachwuchs bestimmt nicht hören. Denn der **Campingplatz Schillig**, einer der größten Europas, zählt zusammen mit Hooksiel rund 3.000 Stellplätze. Der Vorteil: jede Menge Spielgefährten, die es aus dem Bereich der Campinganlage an den weitläufigen, einladenden Grünstrand von Horumersiel unterhalb des Deiches zieht. Hier wurde 1860 das erste Strandbad an der Nordsee eröffnet. Tradition verpflichtet: Der Ort wurde schon mehrfach im Bundeswettbewerb für Familienferien ausgezeichnet. Der gut ausgestattete Strand wird als besonders ungefährlich und geeignet für Kinder gepriesen: Flaches Wasser, niedrige Wellen – die Eltern können sich in die Strandbar setzen und den Sprösslingen beim Spielen zusehen. Den Tag lassen Sie am Abend in einem hübschen Lokal in der Goldstraße, z. B. im „Leuchtfeuer" oder in der „Waterkant" gemütlich ausklingen. Bei schlechtem Wetter bietet sich ein Abstecher in die **Nordsee-Spielstadt Wangerland** an, eine 5.000 Quadratmeter große Spielstadt mit allem, was das Kinderherz begehrt: Indoor-Achterbahn, Autoskooter, Riesenrad, Karussells, Schiffschaukel ... Praktisch dabei: Sie zahlen € 13 Eintritt und können alles nutzen, sogar Pommes, Eis, Getränke und das Parken sind im Preis inbegriffen. Und wenn sich die Kinder genug ausgetobt haben, entspannen sich alle bei Kaffee und Kuchen im Restaurant „Piri Piri".

Vorsicht Quallen!

Wie eine Portion Wackelpudding liegen gestrandete Quallen im Watt. Bitte nicht anfassen! Wenn es sich um die Blaue Nesselqualle oder die Gelbe Haarqualle handelt, kann das schmerzhaft werden. Die Tiere haben circa fünf Zentimeter lange, feine Tentakeln mit Nesselgift, das bei Berührung ziemlich brennt. Als Sofortmaßnahme hilft eine Abreibung mit Essig. Harmlos dagegen ist die Kompassqualle, zu erkennen an ihren rötlich-braunen Streifen.

Anfahrt: *Horumersiel-Schillig erreichen Sie über die Störtebekerroute (Abfahrt ausgeschildert).*
Wangerland-Touristik: *Zum Hafen 3, 26434 Horumersiel, Tel. 04426-987-0, info@wangerland.de, www.wangerland.de.*
Campingplatz Schillig: *26430 Wangerland-Schillig, Tel. 04426-98 71 70, camp-schillig@wangerland.de, 4. April - 12. Okt.*
Nordsee-Spielstadt Wangerland: *Jeversche Str. 100, 26434 Wangerland, Tel. 04463-80 97 90, spass@freizeit-parks.de, www.nordsee-spielstadt-wangerland.de. Tgl. 10-18 Uhr. Erw. und Kinder (ab 4 J., darunter freier Eintritt) € 13, ab 16 Uhr € 7,50.*

Cuxhaven, Kurteil Duhnen

Cuxhaven ist eine Hafenstadt und Nordseeheilbad an der Elbemündung. Die Strandkörbe am schönen, 14 Kilometer langen **Cuxhavener Hausstrand** leuchten dem Besucher schon von Weitem einladend entgegen. Hier lassen sich herrliche Strandtage verbringen: Breiter weißer Sandstrand, frische Seeluft, herrliches Wattenmeer, gepflegte Promenaden, der Ortskern mit dem modernen Kurmittelhaus und dem Meerwasser-Brandungs-Hallenbad ist auch nicht weit. Das flache Wasser vor der Küste ist ideal für die Kleinen. Toiletten, Umziehkabinen, Kioske und ein Strandcafé sind vorhanden. Von Wassergymnastik über Windsurfen bis Hochseesegeln wird hier jede Art von Wassersport für Anfänger und Experten angeboten.

Paradies für Wattfans

Vom Cuxhaven-Strand startet auch eine sehr schöne **Wattwanderung**, die allerdings nur mit Jugendlichen möglich ist: Ein mit Pricken – das sind Stangen, die kleines Fahrwasser kennzeichnen – markierter Wattenweg führt von Cuxhaven-Sahlenburg nach **Neuwerk**. Die Insel

Am seichten Cuxhavener Hausstrand können Kinder gefahrlos spielen

liegt im Watt der Elbemündung etwa zehn Kilometer außerhalb von Cuxhaven. Ihr Wahrzeichen ist der imposante alte Leuchtturm, entstanden auf den Resten eines Wehrturms von 1370. 140 Stufen führen hinauf, von oben haben Sie einen traumhaften Blick über Watt, Meer und Küste. Am Turm befindet sich ein Naturkunde-Info-Zentrum. Sammelpunkte für die Wanderung mit Wattführer sind in Duhnen die Lesehalle, in Sahlenburg die Wattwagenauffahrt. Spannend auch für kleine Kinder ist eine Fahrt mit dem Wattwagen. Für sie und ihre Eltern bietet die **Kurverwaltung** außerdem eine geführte, zweistündige Wattwanderung an (Treffpunkte: Duhnen, Strandaufgang Nordseeheilbad Cuxhaven, Kurverwaltung (Promenade). Preis € 5 pro Person, Kinder bis zwölf Jahre frei. Termine im aktuellen Veranstaltungskalender „ CuxTIPPS", der überall in den Kurgebieten erhältlich ist (www.cn-online.de/CuxTipps.cfm). Keine Lust auf einen Strandtag? Dann könnten Sie z. B. niedliche Pinguine oder Käpt'n Cux besuchen. Die Pinguine leben im **Zoo im Kurpark** (Eintritt kostenlos). Um 15 Uhr werden sie gefüttert, eine halbe Stunde später kann man bei der Fütterung der Seehunde zusehen. **Käpt'n Cux's Hafen** ist ein Spieleparadies mit Trampolinen, Rutschen und Klettergerüste zum Austoben.

Anfahrt: *Cuxhaven/Duhnen ist von der Autobahn A 27 ausgeschildert.*
Kurverwaltung Cuxhaven: *Cuxhavener Str. 92, 27476 Cuxhaven, Tel. 04721-40 40, nordseeheilbad-cuxhaven@t-online.de, www.cuxhafen.de. Mo-Fr 9-17, Sa 9-16, So u. Feiertage 9-12 Uhr.*
Wattwanderung zur Insel Neuwerk: *H & K Wattführungen, Ralf Hofmann-Kramer, Tel. 0172-919 65 64, cuxhaven-neuwerk@web.de, www.wattlaufen-cuxhaven.de. Die Rückfahrt erfolgt mit dem Schiff. Infos und Buchung: Reederei Cassen Eils, Bei der Alten Liebe 12, 27472 Cuxhaven, Tel. 04721-322 11, www.neuwerkreisen.de.*
Zoo im Kurpark: *Strandstr. 80, 27476 Cuxhafen, Tel. 04721-66 66 37. Tgl. 9-18 Uhr. Eintritt frei.*
Käpt'n Cux's Hafen: *Am Querkamp 35, 27474 Cuxhaven, Tel. 04721-59 65-0, info@four-play.de, www.kaeptncux.de. Mo-Fr 13-19, Sa, So, feiertags 10-19 Uhr. Kinder (unter 2 J.) freier Eintritt, (2-15 J.) € 4, Erw. € 2.*

Genießen mit Aussicht

Sie haben einen wunderbaren Strandtag verbracht und möchten ihn nun mit einem guten Essen abschließen? Dann sei Ihnen das Restaurant Jörn Sternhagens empfohlen. Er serviert leichte, frische Kost zu angemessenen Preisen – die einmalige Aussicht auf die abendliche Nordsee inklusive!
Badhotel Sternhagen: *Cuxhavener Str. 86, 27476 Cuxhaven, Tel. 04721-43 40, sternhagen@badhotel-sternhagen.de, www.badhotel-sternhagen.de.*

WALKNOCHEN
1715 - 1782

Tour 1: Mit „Käpt'n Blaubär" durchs Emder Hafenbecken

Emden • Großes Meer • Moordorf • Aurich

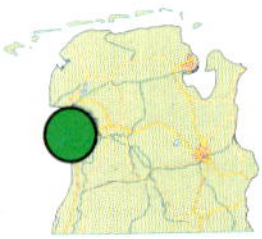

Wo: in und um Emden, Ostfrieslands Tor zur Welt • Wie: mit dem Schiff und zu Fuß • Dauer: Tagestour • Nicht vergessen: Stadtplan Emden, Badesachen, Otto-CD

Wussten Sie, dass vier Mega-Stars, die Groß und Klein zum Lachen, Träumen und Nachdenken gebracht haben, aus Emden stammen? Die Seehafenstadt ist die Heimat des Hollywoodregisseurs Wolfgang Petersen, der die „Unendliche Geschichte" in Szene setzte, des Blödelbarden Karl Dall, des Oberostfriesen Otto Waalkes und Henri Nannens, des „Stern"-Herausgebers. Otto hat Emden das Otto-Huus, „Sir Henri" die Kunsthalle spendiert. Beides können Sie auf dieser Tour besichtigen. Dazwischen haben Sie sicher Spaß an einer Hafenrundfahrt. Anschließend wartet das Große Meer (→ S. 28), spielt das Wetter nicht mit, lohnt ein Besuch im Moormuseum.

Langrüsseliger Ottifant

Das Auto parken Sie am besten in **Emden** am Bahnhof. Dort gibt es eine Güterzuglok, Baujahr 1943, zu sehen, dahinter steht eine Minidampflok. Die Fußgängerzone „Große Straße" bringt Sie zum Rathausplatz. Wer entdeckt zuerst den langrüsseligen Ottifanten vor dem **Otto-Museum** [Otto-Huus, Große Str. 1, 26721 Emden, Tel. 04921-221 21. Mo-Fr 9.30-18, Sa 9.30-14, So 10-16 Uhr, Mai-Juni So, Mo geschlossen. Erw. € 2, Kinder € 1]? Innen sind Fotos von Klein-Otto, Erinnerungsstücke und Ottifanten in jeder Form zu sehen. Im ersten Stock wird ein Videofilm von Ottos letzter Show gezeigt. Fast gegenüber steht der Pavillon des **Emder Verkehrsvereins** [Tourist-Info Emden, Bahnhofsplatz 11, 26721 Emden, Tel. 04921-97 40-0, ti@emden-touristik.info, www.emden-touristik.org. Mo-Fr 8-18, Sa 10-16, So 11-15 Uhr]. Hier können Sie sich Informationsmaterial und einen Stadtplan besorgen. Wer keine Lust auf Otto hat, könnte sich auch das **Ökowerk** ansehen [Ökowerk Emden, Kaierweg 40a, 26725 Emden, Tel. 04921-95 40 23, oekowerk-

Ein Ottifant schaut aus dem Otto-Huus

emden@ t-online.de, www.oekowerk-emden.de. Mo-Do 7-17, Fr 7-12.30, So 14-18 Uhr. Fahrt in der Mini-Gartenbahn 1 € pro Fahrt]. Hier lernen kleine und große Naturfreunde wie man Brot backt, was im Quark drin ist, wo unser Trinkwasser herkommt, oder wie Honig entsteht. Auf einer solarbetriebenen Mini-Eisenbahn kann man durch das Gelände des Umweltbildungszentrums tuckern. Und mit verbundenen Augen geht es über den Barfußerlebnispfad. Nun aber zum Ratsdelft, dem alten Hafenbecken, wo um 11 Uhr die **Hafenrundfahrt** beginnt, Tickets sind an Bord erhältlich [Kontakt AG ems, Postfach 1154, 26691 Emden, Tel. 01805-18 01 82 (14ct/min), info@ag-ems.de, www.ag-ems.de. Abfahrt stündlich 12-16 Uhr. Erw. € 6,70, Kinder (4-11 J.) € 3, Familien € 15]. Drei Museen liegen vor Anker: ein Seenotrettungskreuzer mit kompletter Ausstattung, der Segel-Logger AE 7 und das historische Feuerschiff.

Bitte einsteigen zur Hafenrundfahrt!

Leinen los!

„Moin, moin." Pünktlich tuckert die flache MS „Ratsdelft" los. Der Kapitän heißt Meinhard. Seit über zwei Jahrzehnten ist er im Dienst, und ein bisschen sieht er aus wie Käpt'n Blaubär. Dann heißt es aufpassen: Die Brücken liegen nur 1,60 Meter über dem Wasser. Das flache Boot passt gerade mal so durch, Sie müssen vermutlich den Kopf einziehen. Wenn große Schiffe kommen, werden die Brücken mit Seilzügen hochgezogen, die Mitte öffnet sich. Sehen Sie die bunten Seezeichen, die im Tonnenhof im Wasser tänzeln? Sie weisen Schiffen den Weg. Damit sie nicht entwischen können, bekommen sie einen drei Tonnen schweren Zementklotz ans Bein. Inzwischen kündigt „Käpt'n Blaubär" einen Höhepunkt im Emder Hafen an: Die Schwimmdocks der Thyssen-Nordsee-Werke, eine Art Schiffswerkstatt: Die Tanks an den Seiten des Docks werden geflutet, das Schiff fährt hinein. Danach werden die Tanks geleert, und das Dock hebt sich mitsamt dem Schiff hoch.

Aus Hafenschlick wird Blumenerde

Bestimmt haben Ihre Kinder am Hafenrand bereits die gewaltigen Saugbagger entdeckt, die aussehen wie überdimensionale Staubsauger. Sie pumpen den Hafenschlick durch eine Rohrleitung auf ein Spülfeld. Dort wird er gereinigt und getrocknet, das Endprodukt als Blumenerde verkauft. Jetzt kommen Sie zur Seeschleuse. Sie ist nötig, um den Wasserstand zwischen Binnen- und Außenhafen auszugleichen. 40 Meter ist sie breit, bis zu 36 Meter wuchtige Pötte müssen hindurch dirigiert werden.

Dicke Bäuche voller Autos

Der Außenhafen ist durch VW-Emden einer der größten Autoverladehäfen Europas. Die Bäuche der Transporter schlucken bis zu 5.000 Wagen. Fast eine halbe Million Fahrzeuge macht sich jährlich auf die Reise. Hinterm Deich hat VW sein High-Tech-Werk, das mehr als 10.000 Menschen beschäftigt. Nun tuckert das Boot zurück zum Ratsdelft. Von Weitem begrüßt Sie der Rathausturm. Endstation. Der Käpt'n winkt mit seiner Mütze nach. Hungrig geworden? Das Feuerschiff Deutsche Bucht an der Georg-Breusing-Promenade, mit Kajütenrestaurant und Schiffszubehör an den Wänden, passt zu dem Ausflug. Hier können Sie Labskaus oder frischen Matjes kosten; die Kinder werden Backfisch oder Pfannkuchen bevorzugen.

Die Stadt zu Füßen

Als Nächstes lockt die Besteigung des **Rathausturms** [26721 Emden. April-Sept Di-So 10-17, Okt-März Di-So 11-16 Uhr. Erw. € 2, Kinder € 1]. Von oben genießen Sie den Blick über den Hafen, die Grachten, die sich durch die Stadt schlängeln, das alte Hafentor, die Neue Kirche sowie die Wallanlagen. Haben Sie ein rot-blaues Gebäude entdeckt? Das ist die Kunsthalle, die sogar einen eigenen Bootsanleger besitzt.

Die Emder Kunsthalle zeigt bedeutende Werke des deutschen Expressionismus

Tapfere Kämpfer

Das prächtige Renaissance-Rathaus wurde 1962 mit Anklängen an das historische Vorbild wiedererrichtet. Eine Heimat fand hier das **Ostfriesische Landesmuseum** mit der Rüstkammer, der einzigen vollständigen stadtgeschichtlichen Waffensammlung Deutschlands [Rathaus am Delft, 26721 Emden, Tel. 04921-872 05 78, landesmuseum@emden.de, www.landesmuseum-emden.de. April-Sept Di-So 10-18, Okt-März 11-16 Uhr. Erw. € 6, Kinder € 3].

Sie geht auf eine glanzvolle Zeit der Stadt am Ende des 16. Jahrhunderts zurück. Damals entwickelte Emden sich durch Tausende von Glaubensflüchtlingen zum Mittelpunkt des Calvinismus in Norddeutschland. Wohlstand zog ein – und mit ihm ein neues Selbstbewusstsein der Bürger. Dies führte zur unblutigen Emder Revolution von 1595, die den Emdern Unabhängigkeit vom Grafen brachte. Zu ihrem Schutz riefen sie eine Wehr von 23 Bürgerkompanien ins Leben. Die glänzenden Ritterrüstungen in Reih und Glied in der Rüstkammer erzählen von dieser Zeit. Besonders imponierend ist der glänzende Harnisch des Gerhard Bolardus, des Führers der Emder Revolution. Gezeigt werden reich verzierte Angriffs- und Verteidigungswaffen, gewaltige Schiffskanonen sowie eine Scharfrichterausrüstung.

Pinsel und Palette

Einen kurzen Fußmarsch vom Rathaus entfernt steht seit 1986 die **Kunsthalle** [Hinter dem Rahmen 13, 26721 Emden, Tel. 04921-975 00, kunsthalle@kunsthalle-emden.de, www.kunsthalle-emden.de. Di 10-20, Mi-Fr 10-17, Sa, So, feiertags 11-17 Uhr. Erw. € 8, Kinder frei, Jugendliche (ab 15 J.) € 6]. Den Grundstock der Sammlung bilden 300 Werke, die der „Stern"-Herausgeber Henri Nannen aus privatem Besitz einbrachte. Während die Großen eine der bedeutendsten Ausstellungen des deutschen Expressionismus und der Gegenwartsmalerei besichtigen, kann sich der Nachwuchs (4-19 J.) in der Emder Malschule mit Pinsel, Stift und Zeichenbrett vergnügen, das Material wird gestellt. Na, wer malt den schönsten Ottifanten? Im kinderfreundlichen Bistro kann man danach zu zivilen Preisen etwas essen. Die Alternative für Kunstmuffel und Badenixen: Von Emden ist es nicht weit zum **Großen Meer** (→ S. 28), wo Wasserratten so richtig toben können.

Bunkermuseum

Kaum eine andere deutsche Stadt musste im Zweiten Weltkrieg so viele Angriffe hinnehmen wie Emden. Kein Wunder, dass das einzige Bunkermuseum Deutschlands genau hier steht. Der Blick ins Innere vermittelt die düstere Atmosphäre, die in der Zeit der Bombennächte herrschte. Interessant ist die Dokumentation der Jahre 1933 bis 1945 (Holzsägerstr. 6, 26721 Emden, Tel. 04921-322 25, info@bunkermuseum.de, www.bunkermuseum.de. Mai-Okt Di-So 10-13, Di, Fr 15-17 Uhr. Kinder 1 €, Erw. 2 €).

Museum der Armut

Ist das Wetter nicht badetauglich, fahren Sie weiter nach **Moordorf** zum **Moormuseum** [Victorburer Moor 7a, 26624 Moordorf, Tel. 04942-27 34, moormuseum.moordorf@ewetel.net, www.morrmuseum-moordorf.de. März-Okt Di-So 10-17.30 Uhr. Erw. € 2, Kinder € 1]. Es erzählt die 200-jährige Geschichte der Moorkolonie. Auf dem Gelände inmitten urwüchsiger Heidelandschaft stehen nachgebaute Hütten aus Gras-Torfsoden oder Lehm, Frauen sitzen am Spinnrad. Werfen Sie einen Blick in das kleine Lehmhaus mit dem blumenbewachsenen Dach. In solch winzigen Räumen lebten Familien mit mehreren Kindern – ohne Rauchabzug, bei minus zehn Grad. Wer möchte, kann zusehen, wie Torf gestochen wird, oder selbst eine Matte flechten und einen Besen binden. In der Teestube können Sie sich stärken.

Mühlen-Geschichten

Einen Katzensprung entfernt liegt die einstige Residenzstadt **Aurich**, auch geografischer Mittelpunkt Ostfrieslands [Verkehrsverein Aurich, Norderstr. 32, Postfach 1905, 26589 Aurich, Tel. 04941-44 64, webmaster@stadt.aurich.de, www.aurich.de]. Vor allem, wenn Sie sich für Mühlen interessieren, sollten Sie den Abstecher nicht versäumen. Die fünfstöckige Stiftsmühle, eine der größten windbetriebenen Kornmühlen Ostfrieslands, dreht sich an der Oldersumer Straße. Im **Mühlenmuseum** wird die Geschichte der Mühlen erzählt [Oldersumerstr. 281, 26603 Aurich, Tel. 04941-99 42 90. April-Okt Di-Sa 11-17, So 15-17 Uhr. Erw. € 2, Kinder € 1]. Oder Sie besuchen das **MachMitMuseum miraculum**, ein Museum für Kinder und Jugendliche. In der Kunstschule, die dazu gehört, können sich die Kleinen mit Malerei, Bildhauerei, Fotografie, Video und Theater beschäftigen [Burgstr. 26, 26603 Aurich, Tel. 04941-183 11, kunstschule@aurich.de, www.miraculum-aurich.de. Di-Fr 9-13 für angemeldete Gruppen, Sa, So 11-17 Uhr, Mo geschlossen. € 3 pro Person in Gruppen, Einzelkarte: € 4, Familien € 11, Workshops € 3]. Bei einem Bummel durch Aurich lohnt sich ein Blick auf den pittoresken Marktplatz mit dem barocken Knodtschen Haus und in die Burgstraße mit ihren hübschen historischen Bürgerhäusern.

„Mühlensprache“

Wussten Sie, dass Mühlen reden können? An der Stellung des Kreuzes konnte man ablesen, ob der Müller arbeitete, ob die Mühle repariert wurde oder ob es in der Familie eine Geburt oder einen Todesfall gegeben hatte. Ostfriesland ist Mühlenland – klar, bei dem Wind. Heute existieren noch etwa 80 Exemplare, wenige davon sind in Betrieb. Sie mahlen Korn und Muschelkalk, pressen Öl, schöpfen Wasser. Man unterscheidet die Bockwindmühle, bei der das gesamte Mühlenhaus in den Wind gedreht wird, und den Galleriehollände, auf dem nur die Kappe mit den Flügeln beweglich ist. Viele Mühlen dienen heute als Museum, Teestube oder Hotel.

Tour 2: Das ostfriesische Kaleidoskop

Greetsiel • Marienhafe • Norden • Esens-Bensersiel

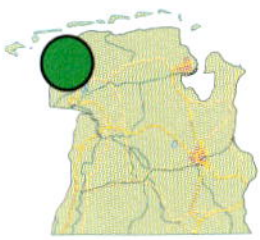

Wo: die Störtebekerroute entlang • Wie: mit dem Auto • Dauer: Tagestour • Nicht vergessen: Straßenkarte, Badesachen

Wie kommt eigentlich so ein Schiff in die Buddel? Was trieb Seeräuber Störtebeker nach Marienhafe? Warum trinken die Ostfriesen so viel Tee und wo überleben mutterlose Seehunde? Diese Tour bietet Ihnen ein „ostfriesisches Kaleidoskop", mit dem Sie manchem landeseigenen Geheimnis auf die Spur kommen. Endstation der Entdeckungsreise ist das Familienbad Esens-Bensersiel, wo der Tag beim Toben, Wellenhüpfen und Entspannen ausklingt. Die Strecke dorthin ist ein Angebot, aus dem Sie sich herauspicken können, was Ihnen gefällt.

Häuschen wie Puppenstuben

Starten Sie Ihre „Geheimnis-Entschlüsselungstour" in **Greetsiel** an der Leybucht, dem schönsten Sielhafen der Küste. Das Städtchen ist im Sommer gut besucht, der Ortskern daher für Autos gesperrt. Vom Parkplatz steuern Sie am besten zuerst das **Verkehrsbüro** an (ausgeschildert) und besorgen sich Infomaterial [Tourist-Information Krummhörn-Greetsiel, Zur Hauener Hooge 15, 26736 Greetsiel, Tel. 04926-91 88-0, info@greetsiel.de, www.greetsiel.de]. Danach gilt der erste Blick dem Hafen. Sehen die blumengeschmückten Klinkerhäuschen am Wasser mit den Spitzengardinen nicht aus wie kleine Puppenstuben? Stolz erheben sich dagegen die Kapitänshäuser aus dem 17. Jahrhundert mit goldenen Inschriften und gewaltigen Portalen. Das Hafenbecken ist seit 1991 durch eine Schleuse gezeitenunab-

Die trutzige Kirche von Marienhafe diente Störtebeker als Zufluchtsort

hängig und Stützpunkt für die größte Krabbenkutterflotte im Weser-Ems-Gebiet. Eine Fangfahrt dauert rund 16 Stunden. An fünf Tagen wird gefischt, an zweien ist Fangruhe, dann werden die Netze gesäubert und geflickt.
Auf rotem Klinker bummeln Sie nun durch die Fußgängerzone und schmale Gassen. In der Sielstraße lockt das **Bäckereimuseum „Poppingas Alte Bäckerei"** mit Teestube, Kunstausstellung und herrlichem Duft [Sielstr. 21, 26736 Krummhörn, Tel. 04926-13 93. 8-16 Uhr]. Wer kann da widerstehen? Ein leckeres Stück Gebäck auf die Hand und weiter geht's. Weiter an der Mühlenstraße erheben sich die **Zwillingsmühlen**, die Wahrzeichen von Greetsiel [Mühlenstr. 2, 26736 Greetsiel, Tel. 04926-92 65 30, info@muehle-schoof.de, www.zwillingsmuehlen.de. Besichtigung Mi, Sa 14 Uhr. Erw. € 2, Kinder € 1]. In der ersten Mühle, 1856 erbaut, ist heute eine Teestube mit Kunstgalerie untergebracht, die andere ist noch in Betrieb und kann besichtigt werden. Sie bietet Souvenirs wie Mühlenbrot oder Müsli an – vielleicht fürs Frühstück morgen früh? Anschließend könnten Sie einen Abstecher ins **Lükko Leuchtturm Kinderhaus** machen, dort können die Kids basteln, singen, spielen oder sich auf dem riesigen Abenteuerspielplatz so richtig austoben [Zur Hauener Hooge 11, 26736 Krummhörn-Greetsiel, Tel. 04926-91 88 17, info@greetsiel.de, www.greetsiel.de].

Robin Hood von Marienhafe

Wissen Sie eigentlich, wie Oberseeräuber Klaus Störtebeker aussah? Nein? Dann auf nach **Marienhafe**. Parken können Sie gleich an der Kirche. Das hübsche Örtchen war schon im 13. Jahrhundert ein betriebsamer Hafen, 1250 begann man mit dem Bau der gewaltigen, 81 Meter hohen **Marienkirche**. Sie diente Seeräuberanführer Klaus Störtebeker (→ Kasten) Ende des 14. Jahrhunderts als Zufluchtsort. Damals dehnte sich die Leybucht bis hierher aus, sodass die Piraten in ihren flachen Booten in aller Seelenruhe fast bis zur Stadtmauer

Seeräuberhäuptling Störtebeker

Er sah wohl genauso aus, wie man sich einen Seeräuberhauptmann vorstellt: groß, stark, bärtig, mit finsterer Miene, entschlossenem Blick. Doch viel weiß man nicht aus dem Leben des legendären Nordseehelden. Sicher ist, dass er zwischen 1394 und 1399 die Nord- und Ostsee in Atem hielt, dass er 1401 in Hamburg hingerichtet wurde, dass er gewaltige Körperkräfte und enorme Trinkfestigkeit besaß: Einen ellenhohen Becher Bier konnte er in einem Zug hinunterstürzen. So kam Klaus Störtebeker auch zu seinem Namen („Stürz den Becher"). Der Überlieferung nach hieß er ursprünglich Klaus von Alkum und stammte aus der Hansestadt Wismar.
Der Rest ist Legende. Für die einen war er ein skrupelloser Gangster, für die anderen eine Art Robin Hood.

rudern und dort ihre Beute verladen konnten. Die Verfolgerschiffe dagegen schafften es nicht, sich der seichten Küste zu nähern. Wie einst der tollkühne Seeräuber, können Sie den wuchtigen Turm besteigen und nach Feinden Ausschau halten. Und wie sah er nun aus, der Held der Nordsee? Auf dem Kirchplatz steht sein Denkmal. Stattlich war er, wenn er überhaupt so aussah ... Wer inzwischen hungrig geworden ist, kann vor der Weiterfahrt nach Norden im Restaurant „Nordstern" einkehren, das in der Nähe der Kirche zu finden ist.

Die älteste Stadt

Weiter geht's entlang des einstigen Küstensaums. Auch **Norden**, die älteste Stadt Ostfrieslands, lag um 1400 am Wasser. Reste des alten Hafens kann man im Südteil der Stadt noch erkennen. Einen Blick wert ist die romanisch-gotische St.-Ludgeri-Kirche (erbaut 1445) mit dem Grabmal des Friesenhäuptlings Unico Manninga und der kostbaren Barockorgel von Arp Schnitger. Das 1686 bis 1692 erbaute Instrument gilt als eines der klangschönsten Deutschlands. An der Westseite des hübschen Marktplatzes steht das Rathaus mit dem Heimatmuseum im Innern – beste Gelegenheit, sich dem ostfriesischen Brauch des Teetrinkens anzunähern, denn angegliedert ist das **Ostfriesische Teemuseum** [Am Markt 36, 26506 Norden, Tel. 04931-121 00, info@teemuseum.de, www.teemuseum.de. Di-So 10-16 Uhr, Nov-März geschl. Erw. € 5,50, Kinder € 2]. Hier erfahren Sie alles zu den Themen Anbau, Ernte, Mischung und Zubereitung. Zu den Ursachen der ostfriesischen Teeleidenschaft zählt wohl die

Schwarzes Gold und andere Andenken aus dem Teemuseum

einst schlechte Trinkwasserqualität. Das Wasser stammte aus mit Torf verkleideten Brunnen, musste abgekocht und aromatisiert werden – so machte man aus der Not eine Tugend. Warum die Ostfriesen noch heute so gerne ihren Tee trinken, wird wohl für immer ihr Geheimnis bleiben ...

Heim für Meeressäuger

Haben Ihre Kinder das Teemuseum genossen? Dann kommt jetzt das nächste Ziel: Sie fahren Richtung Norddeich zum „Freizeitzentrum Wellenpark" (ausgeschildert) mit Tiergehege, Abenteuerspielplatz, Minigolfanlage und – der **Seehundaufzucht- und Forschungsstation** [Dörper Weg 22, 26506 Norden-Norddeich, Tel. 04931-89 19, info@seehundstation-norddeich.de, www.seehundstation-norddeich.de, tgl. 10-17 Uhr → S. 92]. Bis zu 50 Seehunde, Robben, Delfine und Kleinwale werden hier jährlich gesund gepflegt und wieder in die Nordsee zurückgebracht. 60 bis 65 Prozent der neugeborenen Seehunde verenden vor der Küste, daher sind diese Aufzuchtsstationen eine ökologische Notwendigkeit zur Erhaltung der Tierart. Hinter einer Trennscheibe kann man die putzigen Jungtiere genau beobachten (Fütterungen → S. 93). Wenn Sie und Ihre Kinder sich vom Nationalparkzentrum wieder losreißen können, geht die Fahrt weiter. Zwischen Norden und Norddeich zweigt die Störtebekerstraße ab und setzt sich entlang der Küste fort. Weit streift der Blick bis zum Horizont über flaches Land – ein paar Schafe, ein paar windgekämmte Bäume.

Eine kleine Herrlichkeit

Nun ist Familienrat angesagt. Wer für heute genug gesehen hat, kann gleich bis nach Esens-Bensersiel durchfahren, wer hingegen noch unternehmungslustig ist, nimmt einen kleinen Umweg über **Dornum** und Dornumersiel. Dornum, ein wahres Kleinod ein paar Kilometer landein, geht auf das 14. Jahrhundert zurück. Aus der Zeit der ostfriesischen Häuptlinge ist hier noch einiges erhalten. In der Beningaburg kann man gut essen und übernachten. Die Kirche bewahrt im Grabkeller Sarkophage von elf Häuptlingen und die Grabplatte des 1594 verstorbenen Gerhard von Closter to Dornum und Petkum. Richtig gruselig. Am Ortsrand steht die einzige Bockwindmühle Ostfrieslands. Ist sie in Betrieb, drehen sich nicht nur Flügel und Haube, sondern gleich das ganze Mühlenhaus im Wind. Leider kann man das nur vormittags sehen. Die Krabbenhochburg **Dornumersiel** liegt knappe fünf Kilometer weiter an der sogenannten „Costa Granata" – Costa steht für Küste, Granat heißen die leckeren Krabbeltierchen. Am spannendsten ist hier der Hafen. Wenn die Krabbenkutter auslaufen oder Ladungen von Fischen an Land bringen, geht es hoch her. Ein echtes Erlebnis ist es, eine **Hochsee-Angelfahrt** mit einem echten Fischkutter mitzumachen [Termine bitte bei der Tourist-Info erfragen: Tourismus Gemeinde Dornum, Hafenstr. 3, 26553 Dornum, Tel. 04933-91 11-0, info@dornum.de, www.dornum.de].

„Der" Familien-Urlaubsort

Die Tour führt Sie nun auf der Störtebekerroute noch ein Stück weiter nach **Esens**, das zusammen mit **Bensersiel** einen Nordseebadkomplex bildet und das Prädikat „Familiengerechter Urlaubsort" trägt [Kurverwaltung Esens-Bensersiel, Am Kirchplatz, 26427 Esens, Tel. 04971-91 51 11, rathaus@esens.de, www.esens.de, www.bensersiel.de]. Zwei futuristisch anmutende Brücken, weiße Edelstahlkonstruktionen, überspannen kühn den Hafen und verbinden das Kurzentrum mit dem Freizeitbereich. Einen Besuch wert ist das supermoderne **Holarium** [Am Kirchplatz, 26427 Esens, Tel. 04971-43 92, elmar@digi-art.de, www.holarium.de. März-Okt 10-12 u. 14-18 Uhr. Erw. € 3,70, Kinder € 2,50]. In dem originellen Gebäude kann man dreidimensionale Lichterscheinungen bestaunen: Figuren und abstrakte Formen vor oder hinter Glasplatten in geheimnisvolles Licht gehüllt – fast wie

Magie. Doch Magie hin, Magie her, Ihre Kinder werden sich jetzt bestimmt austoben wollen.

Pippi Langstrumpf lässt grüßen

Ist am Strand Ebbe, bietet sich das **Meerwasser-Wellenfreibad** an mit dem „**Kinderspielhaus Kunterbunt**", dem „**Kletterschiff Hoppetosse**" und einer 80-Meter-Mega-Wasserrutsche [Meerwasser-Wellenfreibad, 26427 Esens-Bensersiel, Tel. 04971-91 71 41. Mai-Sep 10-19 Uhr. Erw. € 2,60, Kinder € 1,50]. Wenn es regnet, kommt in der **Nordseetherme Sonneninsel** keine Langeweile auf [Schulstr. 4-6, 26427 Esens-Bensersiel, Tel. 04971-91 61 41, www.bensersiel.de. Mo, Di, Fr 10-22, Mi 10-21, Do 11-21, Sa, So 10-20 Uhr. Tageskarte Erw. € 13, Kinder € 6,50]. Dort gibt es unter einer großen Glaskuppel Strandpartien mit echtem Sandboden, für kleine Meerjungfrauen künstliche Wasserfälle, glitzernde Felswände und sogar eine Felseninsel mit einer Grotte zum Durchtauchen. Wer keine Lust auf Wasser hat, ist im **Takka-Tukka-Land** richtig [Strand unter Dach, Am Strand 8, 26427 Bensersiel, Tel. 04971-91 71 46, www.bensersiel.de. in der Ferienzeit, feiertags tgl. 10-19, Vor- und Nachsaison tgl. 10-18, sonst tgl. 14-17.30 Uhr. Erw. € 3, Kinder (ab 2 J.) € 1]. Auf dem 300 Quadratmeter großen, überdachten Strandspielplatz im Astrid-Lindgren-Ambiente kann man Pippis Abenteuer herrlich nachspielen, auf einem Holzpferd reiten, gegen grimmige Seeräuber kämpfen, mit dem selbst gebastelten Flugzeug über den qualmenden Vulkan fliegen oder im Sand nach einem Schatz buddeln. Und die Eltern relaxen derweil im Obergeschoss, wo sich eine Leihbücherei sowie Lese- und Aufenthaltsräume mit Internetzugang befinden.

Der ideale Ort für einen gemütlichen Ausklang der Tour: Esens-Bensersiel

1705 wurde das heute älteste Haus Spiekeroogs errichtet, jetzt befindet sich darin ein hübsches Restaurant mit Teestube. Leider öffnet es erst um 15 Uhr. Bemerkenswert ist die Konstruktion des Daches, auf das sich die Bewohner bei Überflutung flüchteten. Mit wenigen Handgriffen ließ es sich von seiner Verankerung am Haus lösen und so in ein Floß verwandeln, das mit der Flut aufs Festland zutrieb. Früher retteten viele Insulaner so ihr Leben. Hinter dem Inselhaus liegt ein schöner alter Rosengarten. Ein Kurgast, Landschaftsgärtner von Beruf, begann eines Tages zu buddeln und konnte erst wieder aufhören, als der Garten fertig war. Vielleicht mögen Sie sich die Teestube für einen späteren Zeitpunkt merken? Es wird dort Tee serviert – klar – aber auch allerhand Leckeres von Grünkohl bis Steak für die Großen und Kinderteller für die Kleinen. Eine Pizza, eine leckere Portion Spagetti, Kuchen und Eis gibt's jetzt beim kinderfreundlichen Italiener am Pferdebahnhof. Und genau da gehen Sie nun hin, sich ein bisschen Pferdeduft um die Nasen wehen lassen.

Sie ziehen brav die Inselbahn

Mit 1 PS zum Herrenbadestrand

Schlendern Sie über den Westerloog zum ehemaligen Inselbahnhof und steigen Sie in die **Pferdebahn** [Museumspferdebahn, Noorderloog 1, 26474 Spiekeroog, Tel. 04976-256. Abfahrtzeiten: Ostern-Sept um 10, 10.45, 15 und 15.45, Rückfahrt ist jeweils 30 Minuten später. Einfache Fahrt: Erw. € 2, Kinder € 1, Hin- und Rückfahrt: Erw. € 3, Kinder € 2]. Ist der Andrang groß, können sich die Kinder auf dem nahen Spielplatz die Zeit vertreiben. Das Besondere daran: Der Schienenwagen wird von einem Pferd gezogen. Anno 1885 fuhr das Bähnchen zum ersten Mal die 1,5 Kilometer lange Strecke zwischen Dorf und damaligem Herrenbadestrand hin und her. 15 Personen haben Platz, vorne sitzt der Kutscher mit Kapitänsmütze und Peitsche. Ist er gut gelaunt, unterhält er die Fahrgäste mit Inselanekdötchen. Gemächlich wackeln Sie so mit 1 PS zum Herrenbadestrand. Mit dem Fernglas lässt sich auf dem Weg gut Spiekeroogs Vogelwelt beobachten: Eiderenten und Austernfischer, weiter im Dünenbereich brüten Sandregenpfeifer, im Watt tummeln sich die Pfeifenten und die Alpenstrandläufer. Die Endstation am Westende macht auf „Wilder Westen". „Old Laramie" heißt der „Saloon mit Pfiff". Serviert werden allerdings keine blauen Bohnen, sondern Kaffee, Eis und Kuchen. In dem Gebäude entstand 1899 das erste Warmbad der

Insel. Dort konnte man bei schlechtem Wetter Wannenbäder in erwärmtem Meerwasser nehmen. Nur gut, dass es heute gemütliche, geheizte Meerwasserhallenbäder gibt ...
Wer sich umsehen möchte: Ein kleiner, angenehmer Weg führt von der Haltestelle zu den verwitterten Resten des ehemaligen Fähranlegers, der seit den 1980er-Jahren stillgelegt ist. Aber denken Sie daran: Die letzte Pferdebahn fährt um 16.30 Uhr zurück! Endstation Pferdebahnhof. Noch genügend Zeit, bis die Fähre wieder ablegt? Die könnten Sie sich nun – je nach Wetter – am Badestrand, im Meerwasserhallenbad oder mit einem Inselspaziergang versüßen. Vom Pferdebahnhof schlagen Sie den Gartenweg ein. Zum Meer bringt Sie die Straße Up de Dünen, der Badestrand ist vom Dorf durch einen breiten Dünengürtel getrennt.

Eine Muschel namens Sommersprosse

Und was tun am Strand, außer baden und Burgen bauen natürlich? Für Leseratten steht mitten in den Dünen ein kleiner Lesepavillon. Wer sich für Muscheln begeistert, sollte in der Strandhalle das **Muschelmuseum** besuchen [Noorderpad 25, 26466 Spiekeroog, Tel. 04976-919 32 25, kontakt@kuriosesmuschelmuseum.de, www.kuriosesmuschelmuseum.de. Ende März-Anfang Nov Mo-Fr 9-17, Sa, So, feiertags 11-13 Uhr. Pro Person: € 1, Münze nötig!]. Für den Gegenwert des Eintrittspreises darf man sich übrigens Muscheln aussuchen. Über 2.000 Exemplare, bis zu 30 Kilogramm schwer, sind zu bestaunen. Nett dabei: Der Initiator

Muscheln aller Formen sammelte ein Liebhaber für das Muschelmuseum

hat jedem seiner Fundstücke einen Fantasienamen gegeben: Die Muscheln heißen Breitmaulfrosch, Unfallwagen, Sommersprosse oder auch Kindergarten. Apropos: Für die ganz Kleinen gibt es eine Spielecke.

Das geheimnisvolle Wrack

Es regnet in Strömen, doch die Kleinen wollen trotzdem ins Wasser? Dann bietet sich das **Meerwasserhallenbad Schwimmdock** an [im Kurmittelhaus, Obere Strandpromenade, Tel. 04976-91 93 62, schwimmdock@spiekeroog.de. Di-Sa 9-17 Uhr. Erw. € 3,60, Kinder € 2.] Im „Wattwurm“ können Sie sich nach dem Wellenhüpfen wieder stärken. Bleibt das Wetter schlecht, bietet das **Künstlerhaus Spiekeroog** Kreativkurse vom Malen über Bildhauerei bis zu Fotografieren an [Achter d'Diek 3, 26474 Spiekeroog, Tel. 0421-46 04 44 40, service@kuenstlerhaus-spiekeroog.de, www.kuenstlerhaus-spiekeroog.de].
Es gibt nach Anmeldung auch zahlreiche

Kinderkurse, außerdem finden oft Lesungen, Konzerte, Kleinkunst, Auktionen sowie Ausstellungen statt.
Wenn Sie sich für den Inselspaziergang entscheiden, marschieren Sie zum Slurpad und weiter Richtung Aussichtsdüne. Falls Ihre Kinder übrigens gar keine Lust auf einen Spaziergang haben, besteht die Möglichkeit, sie im **Spielhaus Trockendock** zu „parken" [Noorderpad 25a, 26474 Spiekeroog, Tel. 04976-919 31 66, info@spiekeroog.de, www.spiekeroog.de. Mo-Fr 9-12 u. 14-17, So 14-18 Uhr]
Von der 18 Meter hohen Düne genießen Sie einen weiten Blick über die Insel und die offene See. Noch Kondition? Dann können Sie nun zwei Kilometer weitermarschieren und kommen zur Hermann-Lietz-Schule (ausgeschildert). Alfred Andreesen, Nachfolger des bedeutenden Reformpädagogen Lietz, gründete die Schule 1928. Noch heute ist sie ein anerkanntes Internatsgymnasium. Wernher von Braun drückte hier übrigens auch die Schulbank.
Jenseits der Schule beginnt der **Nationalpark**, den man nur unter kundiger Führung betreten darf. Von dort können Sie am Meer entlang schier endlos spazieren. Und wenn Sie ein bisschen Glück haben, entdecken Sie vielleicht Spiekeroogs geheimnisvolles Wrack: 1883 strandete hier der britische Dampfer „Verona". Die 21 Mann starke Besatzung wurde gerettet, aber alle Versuche, das Schiff zu bergen, scheiterten. Die rostigen, verwitterten Teile sind schon längst im Sand verschwunden, ab und zu aber tauchen sie wieder auf. Okay – wirklich nur ganz, ganz selten.

Der Nationalpark – ein hügelloses Paradies für Spaziergänger

Tour 4: Bei Walfängern und Piraten auf der „Schatzinsel“

Borkum

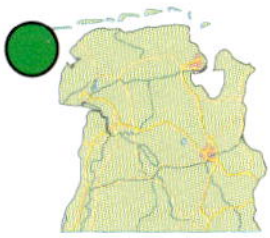

Wo: Nordseeinsel Borkum • Wie: mit dem Schiff und zu Fuß • Dauer: Tagesausflug • Nicht vergessen: Wegekarte von der Kurverwaltung, Fährplan, Friesennerz, Bade- und Buddelausrüstung, Sonnenschutzmittel, Baseballcap, Bastelutensilien: etwa neun Zentimeter langer Nagel, Styroporkugel, Holzperle, etwas Klebstoff, Bambusstab, Strandkorblektüre für die Eltern: „Der Sturm“ von Sebastian Junger.

Der legendäre Goldschatz des Piraten Störtebeker – gibt es ihn oder gibt es ihn nicht? Ist er in der Woldedüne auf Borkum vergraben? Die Inselbewohner sagen nicht wirklich ja und nicht nein, wiegen nur bedächtig den Kopf. Borkum jedenfalls, so viel ist sicher, war einer der Schlupfwinkel der Störtebeker-Piraten. Ein großer Teil der geplünderten Waren wurde auf der Insel gehortet und von dort aus verkauft. Wo aber ist das viele Geld geblieben, das die Seeräuber einnahmen? Die Kriegsschiffe der Hanse waren ihnen ständig auf den Fersen, sie können es in der kurzen, ihnen verbliebenen Zeit kaum ausgegeben haben. Die Piraten wurden schließlich 1400 geschnappt, Störtebeker später vor Helgoland aufgegriffen (→ S. 88). Und was war mit dem Schatz? Nur gut, dass Sie die Sandschaufeln eingepackt haben, man weiß ja nie ...

Ungekrönter Walfängerkönig

Borkum war im 18. Jahrhundert die Insel der Walfänger. Ein knochenharter Job: Mitte März bis Anfang April zogen die Fischer in den hohen Norden Richtung Grönland, kämpften gegen das eisige Nordmeer und verfolgten den Grönlandwal. Die Jagd war lebensgefährlich. Lohn der Mühen: Im August kehrte der Rest der Mannschaft mit bis zu zehn geschlachteten Tieren zurück. Manche Walfänger verdienten ziemlich gut dabei: Roelof Gerritsz war der ungekrönte Walfischkönig. Er fuhr 42 Jahre zur See, erlegte 270 Wale und machte Beute für eine Million Gulden. Auf den Spuren dieser ruhmreichen wie harten Vergangenheit können Sie sich auf dieser Inseltour ein bisschen umsehen. Borkum ist die größte der ostfriesischen Inseln und liegt am weitesten vom Festland entfernt. Wenn möglich, sollten Sie Ihren Ein-Tages-Trip nicht auf einen Montag oder Sonntag legen, denn dann ist das Dykhus geschlossen.

Knallrotes Feuerschiff

Das Fährschiff aus Emden legt nach zwei Stunden Fahrt an der **Borkumer** Südspitze an (Überfahrt: Von Emden mit der Fähre. Je nach Gezeitenstand fährt man zwei bis 2,5 Stunden. Mit dem Katamaran dauert es nur etwa eine Stunde. **Stellplätze und Garagen** finden Sie am Emder Außenhafen [Kontakt: Reederei AG Ems, 26691 Emden,

Tel. 04921-89 07, info@ag-ems.de, www.ag-ems.de. Einfache Fahrt: Erw. € 16,20, Kinder (4-11 J.) € 8,10]. Sie steigen aus und stehen schon vor der ersten Sehenswürdigkeit, dem knallroten **Feuerschiff Borkumriff**. Feuerschiffe sind Seezeichen, die in schwierigen Gebieten den Schiffen die Richtung anzeigten. Das „Borkumriff" schickte sein Licht über eben das Borkumriff, einen der tückischsten Schiffsfriedhöfe überhaupt. Heute ist innen die regionale Verwaltung des Nationalparks untergebracht, dort gibt es Infomaterial über den Park. Wenn Sie wissen möchten, wie die Besatzung früher gelebt hat, können Sie sich einer Führung durch das Schiff anschließen [Feuerschiff Borkumriff, am Nordufer, 26757 Borkum, Tel. 04922-20 30, fsbr@gmx.de, www.feuerschiff-borkumriff.de. Führungen: Apr-Okt Di-So um 9.45, 10.45, 11.45, 13.45, 14.45, 16.15, Nov-März Di, Do, Sa 14 und 15 Uhr. Erw. € 3, Kinder (bis 6 J. frei) € 1,50].

Wer gerne wandert, wird sich die sogleich besorgte **Inselkarte** ansehen und ins Schwärmen kommen. 120 Kilometer messen Borkums Wanderwege, schöne Touren auf ausgeschilderten Pfaden [Tourist-Information Borkum, Am Georg-Schütte-Platz 5, 26757 Borkum, Tel. 01805-80 77 90, info@borkum.de, www.borkum.de]. Im Vogelparadies Borkum halten sich etwa 90 Brutarten auf. Allein schon bei den Enten unterscheidet man Trauer-, Stock-, Krick-, Knäk- und Löffelente! Im Naturschutzgebiet am Tüskendörsee kann man die seltensten Vögel der Region aus der Nähe beobachten. Etwa 250 Brandgänse brüten auf der Insel in Kaninchenhöhlen oder alten Bunkerruinen.

Der „schwarze Rolf" und das Mädchen

Wenn die Borkumer auf Waljagd waren, blieben ihre Frauen allein auf der Insel zurück. Das männerlose Eiland wurde immer wieder das Ziel von Piratenüberfällen. Eines Tages tauchte der schwarze Rolf mit seinem Schiff vor Borkum auf. Zum Glück erspähte ein junges Mädchen das Schiff und alarmierte flugs die anderen Frauen. Diese schlüpften in Männerkleider, schafften eine alte Schiffskanone zum Strand und begrüßten den Piraten so stürmisch, dass dessen Schiff zu sinken drohte. Ganz schön tapfer! Die Piraten schwammen an Land, wurden gefesselt und in den Leuchtturm gesteckt. Der Scharfrichter sollte den Rest besorgen. Eine junge Insulanerin aber verliebte sich in einen der Piraten und befreite ihn. Dieser entfesselte seine Kumpane, sie entwischten. In einem heftigen Sturm kenterte ihr Boot, und alle Seeräuber ertranken.

Mit Rapsöl rattern

Nun aber ab in die kleine **Inselbahn** [Borkumer Kleinbahn und Dampfschifffahrt, Am Georg-Schütte-Platz 8, 26738 Borkum, Tel. 04922-30 90, info@borkumer-kleinbahn.de, www.borkumer-kleinbahn.de. Erw

€ 14,50 Kinder € 7,75]. Suchen Sie sich einen Platz in einem Waggon, 7,5 Kilometer sind zurückzulegen. Vorbei am abgesperrten Militärgelände durchquert die rapsölbetriebene Bahn auf einem Damm das Wattenmeer und rattert in den Ort. Genau hier, links der Gleise, liegt besagte Woldedüne, wo der sagenhafte Piratenschatz im Erdreich verborgen sein soll. Na, wer möchte jetzt seine Sandschaufel auspacken?

„BB"-Bummelboulevard

Vom Bahnhof führt Sie die „BB", die Bismarckstraße, eine Art Bummel- und Essboulevard, geradewegs Richtung Wasser. Beginnen Sie Ihre Inseltour auf der breiten Strandpromenade. Ach, und wenn Sie unterwegs Federn finden, stecken Sie sie ein! Warum? Später ... Unterhalb der Promenade lockt der ausgedehnte Sandstrand mit bunten Strandzelten – optimal fürs Sandburgenbauen bis zum Sandmännchen. Im runden Pavillon finden im Sommer regelmäßig Freiluftkonzerte statt.

Von der Promenade schlendern Sie über die Jann-Berghaus-Straße die Strandstraße entlang zum Haus der Kurverwaltung, einem weiß getünchten Gebäude im Stil der Bäderarchitektur am Leuchtturmplatz. 315 Stufen einer engen (!) Wendeltreppe führen den 60 Meter hohen, wuchtigen **Neuen Leuchtturm** zur Aussichtsplattform hinauf [Sandstr, 26757 Borkum, Besteigung: in der Saison 10-11.30 u. 15-16.30 Uhr. Erw. € 1,50, Kinder € 1]. Oben hat man bei klarem Wetter Supersicht bis zum Festland. Lassen Sie Ihren Blick in die Ferne schweifen, tauchen Sie ein in das glitzernde Meer – und in ein Stück Inselgeschichte: Es war

Junge Touristen vor dem Heimatmuseum im Dykhus (→ S. 52)

im Jahre 800, als die Insel zum ersten Mal in den Geschichtschroniken unter dem Namen „Bant" auftauchte. Bant war erheblich größer als das Borkum von heute, wurde aber im Jahre 1170 von einer gewaltigen Sturmflut auseinandergerissen. Es entstanden die Inseln Borkyn, Juist, Buise, Bant und Osterende.

Streng genommen befinden Sie sich also beim Besuch von Juist auf ehemaligem Borkumer Gebiet! Ein Blick auf die Landschaft: Im Süden liegt Borkums weiter, schlickfreier Südstrand, zwischen West- und Ostland befinden sich die beiden Naturschutzgebiete Waterdelle und Tüskendör.

Gruseliger Gartenzaun

Wenn Sie sich satt gesehen haben, steigen Sie wieder hinunter und spazieren Sie die Strandstraße weiter – gleich ist die Wilhelm-Bakker-Straße und kurz vor dem Alten Leuchtturm das evangelisch-reformierte Pfarrhaus erreicht. Sehen Sie diesen eigenartigen grauweißen Lattenzaun? Ein Schild verrät Ihnen, woraus der Zaun hergestellt ist: „Wal-Kinnladen aus der Zeit der Grönlandfahrten 1715 bis 1782". Früher gab es viele solcher schmucker Zäune auf Borkum, um 1900 mehr als 600 Stück. Im 18. Jahrhundert erhob sich hinter dem Lattenzaun das Haus des „Wal-Kings" Roelof Gerritsz. Auf dem Friedhof ein paar Schritte weiter dann die Kehrseite der Medaille. Gruselstunde: Die von verwitterten Walknochen umstandenen Grabsteine mit eingravierten Totenköpfen sind Gräber der Borkumer Walfänger. Sehen richtig unheimlich aus.

Walhalle mit Pottwalskelett

Über den Gräbern der Walfänger wacht der trutzige **Alte Leuchtturm** [Besteigung: Erw. € 1,50, Kinder € 1]. Daran vorbei führt die Roelof-Gerritsz-Meyer-Straße zum **Heimatmuseum im Dykhus** [Roelof-Gerritsz-Meyer-Str. 13, 26757 Borkum, Tel. 04922-48 60. März-Okt Di-Sa 15-18 Uhr. Erw. € 3, Kinder € 1,5, Familienkarte € 8, Führungen (2 Std.) € 5 pro Person]. Der Rundgang durch das Dykhus beginnt schon an der Tür. Eine riesige Wal-Kinnlade erinnert hier an den früheren Beruf der Insulaner. In der Walhalle ist das 15 Meter lange Skelett eines 35 Tonnen schweren Pottwals ausgestellt. Unvorstellbar, wie die Borkumer diese massigen Tiere an Land schleppten. Raum 5 ist das Walfängerzimmer, gezeigt werden Werkzeuge wie Harpunen und Lanzen. In manchen Jahren waren alle Borkumer Männer unterwegs. Über die Erfolge, aber auch vom Leid, das der Beruf über so manche Familie brachte, erzählt das Dykhus. Im Museumsführer steht: „Im Jahre 1734 fehlte von 120 Haushalten in 40 Familien der Ernährer. Vom Mast gestürzt, vom Wal erschlagen, erfroren, auf See geblieben." Eine traurige Bilanz! Haben Sie den Petersen-Film „Der Sturm" im Kino gesehen? Oder das Buch gelesen? So in etwa muss man sich wohl das Schicksal vieler Walfänger vorstellen. Das Museum ist in einem typischen Gulfhaus – Wohnräume, Stall und Scheune sind unter einem Dach vereint – untergebracht. In Raum 9 befindet sich noch eine naturkundliche Abteilung mit ausgestopften Vögeln, einer Muschelsammlung und einer Sandproben-Kollektion mit 220 Proben aus aller Welt. Und jeder Sand sieht ein bisschen anders aus.

Von der Hand in den Mund

Nach so viel Walgeschichten Lust auf leckeren Fisch? Kurz vorm Alten Leuchtturm steht **Byl's Fisshus**, vom „Feinschmecker" als eines der besten Fischgeschäfte Deutschlands ausgezeichnet. Ein Kontrollbiss ins Fischbrötchen –

mmhhh! – in der Tat ziemlich lecker. Schlendern Sie nun auf dem schmalen Weg am Alten Leuchtturm vorbei über die Reedestraße ins Grünland auf den Upholm-Deich. Von hier bietet sich ein schöner Blick über ausgedehnte Wiesen, auf denen Pferde und Kühe weiden, und auf die Stadt mit ihren hohen Türmen. Um 1600 wurde der Deich zum Schutz der fruchtbaren Binnenwiesen erbaut. Ist das Wetter schlecht, könnten Sie eine kleine Pause im Upholmcafé einlegen. Ansonsten holen Sie sich lieber später eine Portion Milchreis, einen Eintopf oder eine Bockwurst mit Kartoffelsalat von den Strandbuden am Südstrand und verspeisen diese gemütlich im Strandkorb. Über die Upholmstraße gelangen Sie nach dem Päuschen wieder zurück in den Inselort.

Byl's Fisshus ist eines der besten Fischgeschäfte Deutschlands

Wellenhüpfen, spielen, basteln

Jetzt aber nichts wie an den Strand! Am Südbad stehen bei schönem Wetter täglich von 14.30 bis 16 Uhr Kinderspiele auf dem Programm. Treffpunkt ist die Bademeisterbude. Doch zuerst sollten Sie Ihren Liegeplatz in Beschlag nehmen. Genug Federn gesammelt? Dann brauchen Sie jetzt den dünnen Bambusstab, den neun Zentimeter langen Nagel, die Styroporkugel und die Holzperle. Bohren Sie ganz oben ein Loch in den Bambus, befestigen Sie auf dem Nagel erst die Styroporkugel, kleben Sie dann die Holzperle darüber. Nun lassen Sie den Nagel in den Stab ein und stecken die gesammelten Federn in die Styroporkugel – fertig ist das Feder-Windrad. Es stürmt und weht? Dann ab ins **Gezeitenbad**! Die schön gestaltete Wellness- und Erlebnis-Oase erstreckt sich auf 8.000 Quadratmetern. Im Untergeschoss reihen sich Wellness- und Ruheräume um einen Lichtkegel aus Glas. Im Erdgeschoss lockt das Erlebnisdeck mit mehreren Schwimmbecken, einem Strömungskanal und einer großzügigen Sonnenterrasse – und dann gibt es noch eine Indoor-Surf-Anlage [Gezeitenland, Gothestr. 27, 26757 Borkum, Tel. 04922- 93 36 00, info@gezeitenland.de, www.gezeitenland.de. Nebensaison: Erlebnisdeck: Mo-Fr 14-20, Sa, So, feiertags 10-20 Uhr, Wellnesseck: Mo-Fr 8-19, Sa, So 10-19 Uhr, Hauptsaison: Erlebnisdeck: Mo-Fr 10-21, Sa, So 10-20 Uhr, Wellnessdeck Mo-Fr 7-19, Sa, So 10-19 Uhr. Familienkarte/4 Std. (2 Erw./1 Kind): € 19,50 mit Kurkarte, ohne € 24,50].

Tour 5: Zauberhafter langer Lulatsch

Juist

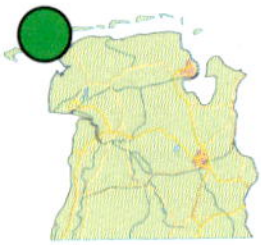

Wo: Nordseeinsel Juist • Wie: zu Fuß • Dauer: Tagesausflug • Nicht vergessen: Fährplan, Tidekalender, Bade- und Buddelausrüstung, Sonnenschutzmittel, Baseballcap oder Strohhut, Inselkarte, Fernglas

Juist ist der lange Lulatsch unter den ostfriesischen Inseln – und die geräumigste Sandkiste Deutschlands. 17 Kilometer Strand – da lassen sich Burgen bauen bis zur totalen Erschöpfung. Die Insel ist auch sonst ein familienfreundlicher Tummelplatz: Vom Zirkus bis zur Familien-Rallye wird jeden Tag was geboten. Außerdem: keine Hochhäuser, keine Autos, kein Reifenquietschen, selbst Pferdefuhrwerke, ohnehin schon auf leisen Reifen unterwegs, dürfen sich nur im Schritttempo vorwärts bewegen. Juist wird auch „Töwerland", Zauberland, genannt. Es gibt eine lange Strandpromenade, eine schöne Brandung und mit dem Hammersee den einzigen Süßwassersee auf einer ostfriesischen Insel. Je nach Kondition können Sie sich überlegen, einen Teil der Strecke mit dem Rad zurückzulegen. An beinahe jeder Ecke im Ort finden Sie einen Fahrradverleih. Am Ende führt der Weg zum Flughafen. Wer Lust hat, kann sich einen Rundflug über die Insel gönnen und sich die Tour noch einmal von oben ansehen.

Pferdeäpfel statt Abgase

Nach 75 Minuten Überfahrt von Norddeich heißt Sie Töwerland willkommen Die Fähren starten in Norddeich. Das Auto lässt man z. B. in den Frisia-Groß-Garagen. Juist ist tideabhängig, es fahren maximal zwei **Fähren** am Tag. Tickets können Sie an Bord lösen [Reederei Norden-Frisia, Bülowallee 2, 26571 Juist, Tel. 04935-98 70, E-Mail: info@reederei-frisia.de, www.reederei-frisia.de. Hin- und Rüchfahrt: Erw. € 15, Kinder € 7,50]. Merken Sie was? Sie steigen von der Fähre und fühlen sich ein bisschen wie in einer anderen Welt, einer wahren Kinderwelt: Gleich im Hafenbereich findet sich ein Bolzplatz, ein paar Schritte weiter schon der erste Spielplatz. Hier gibt es keine heulenden Motoren, kein Hupen, keine Abgase, dafür Pferdeäpfel auf den Straßen, Wiehern und Schnauben. Der Klang der Hufe ist der Herzschlag der Insel.
Vom Hafen führt ein kurzer Fußmarsch zum **Haus des Kurgastes**. Bevor es mit der Tour richtig losgeht, überprüfen Sie das Infoblatt „De Strandlooper" (oder im Internet: www.strandlooper.com) und den Aushang und notieren für Sie und Ihre Kinder interessante Veranstaltungen [Haus des Kurgastes Juist, Strandstr. 5, 26571 Juist, Tel. 04935-8090, info@juist.de, www.juist.de. Rad-Verleihstationen gibt es praktisch überall, allein in der Wilhelmstraße befinden sich drei Anbieter].

Die schönste Schule der Welt

Dann geht der Inselbummel an der Strandpromenade los. Sehen Sie den Turm hoch oben auf der Düne zwischen dem Haus des Kurgastes und dem Meerwasser-Erlebnisbad? Das ist der Wasserturm, auch „Doornkaatbuddel" genannt. Er trägt das Vorratsbecken, aus dem die Insel mit Wasser versorgt wird. Sie folgen nun dem Strand Richtung Westen. Etwas weiter oben liegt der Kurplatz. Hier spielt das Juister Kurorchester. In einem der hübschen Cafés könnten Sie einen Kaffee trinken, vielleicht ein Stück Kuchen essen. Musik in den Ohren, Sonne auf der Nase, Torte auf der Gabel – traumhaft! Am Strand unterhalb lockt feiner Sand ohne Ende und ohne Buhnen – Juist ist die einzige Insel, die auf Uferbefestigungen verzichten kann. Der Schoolpad führt Sie dann an der Inselschule vorbei auf die Billstraße. So lässt sich's bestimmt gut lernen: Mathe mit Meeresrauschen im Ohr. Schlendern Sie weiter bis zum Loog, dem zweiten Dorf und frühen Hauptort der Insel. Am Loogster Pad finden Sie das **Küstenmuseum** [Loog, 26571 Juist, Tel. 04935-14 88. Mo-Fr 9-12, 14.30-18, Sa 9-12 Uhr. Erw. € 3, Kinder € 1,50. Kurz davor liegt ein Spielplatz]. Wenn Ihre Kinder Museen nicht so schätzen, könnten Sie hier einen Tausch aushandeln: eine Runde Schaukeln gegen eine Runde Volkskunde. Im Museum ist die Geschichte der Insel dargestellt. Richtig niedlich präsentiert sich die alte friesische Fischerstube: Auf offenem Herdfeuer wurde gekocht, geschlafen auf einem schmalen Wandbett. Sieht nicht sehr bequem aus ...

Ein echter Hammer, der See

Die Hammersee-Straße bringt Sie zum Hammersee. Wer genug Kondition hat, könnte ihn auf dem schmalen Uferweg umrunden. Spannend für Kinder sind die Wassertiere aller Art und seine Entstehungsgeschichte: An der Stelle des Sees wurde die Insel 1651 bei der Petriflut geteilt. Der Durchbruch, der sich auf zwei Kilometer erweiterte, begann sich Mitte des 19. Jahrhunderts durch eine aufgewehte Dünenkette wieder zu schließen. Eine Sturmflut spülte erneut Salzwasser in die Senke. Salzwasser im Süßwassersee? Durch Verdunstung bildete sich eine Salztonschicht, die wie eine Folie wirkte und die Ansammlung

Mit 17 Kilometern Strand ist Juist die geräumigste Sandkiste des Landes

von Regenwasser ermöglichte. Heute verlandet der schmale, 1,8 Kilometer lange See durch Sand und Vermoorung immer mehr. Bald wird er wieder ein echter „Hammer“ sein – das ist das friesische Wort für eine feuchte Wiese.

Wo Vögel geschützt leben

Wenn Sie vom westlichen Ende des Sees noch etwas weitermarschieren, kommen Sie zur Aussichtsplattform „Dree Water uitkiek“. Sie sieht ein bisschen aus wie eine riesige Kartoffelkiste, wird auch so genannt. Von dort bietet sich ein traumhafter Blick über das Meer, das Watt, den Hammersee und den Billwald. Das Naturschutzgebiet Bill umfasst den gesamten Westteil der Insel. Dorthin führt Sie nun ein Wanderpfad. Knurrt der Magen? Im kinderfreundlichen Ausflugslokal „Domäne Bill“ könnten Sie sich z. B. mit einem kräftigen Eintopf oder einem leckeren Rosinenstuten, Spezialität des Hauses, stärken. Von dort führt der Weg noch etwa einen halben Kilometer weiter bis zum Schuppen der Rettungsstation Bill. Vor Ihnen liegt das aus Sandbänken bestehende Billriff, bei ablaufendem Wasser eine Fundgrube von Strandgut aller Art. Aber Achtung: Bei auflaufendem Wasser sollten Sie es nicht betreten! Sehen Sie sich gut um: Die Insel lebt –

Anleitung zum Krebsefangen

Krebsefangen – korrekt eigentlich Strandkrabbenfangen – entwickelt sich früher oder später zum liebsten Hobby jedes Kindes. Binden Sie eine Schnur an eine Wäscheklammer und suchen Sie eine geschlossene Miesmuschel, knacken Sie diese vorsichtig auf und klemmen Sie die Schale mit dem Muschelfleisch an die Wäscheklammer. Nun halten Sie die Konstruktion ins Wasser, im Nu hängt eine Strandkrabbe daran, die sich das Muschelfleisch schmecken lässt. Wenn Sie sie von hinten anpacken, zwickt sie nicht. Nun können Sie das Tier in einen Eimer setzen und beobachten. Natürlich werden die Tiere wieder ins Meer entlassen.

Krebsefangen – gewusst wie

und bröckelt. Im Winter 2000 haben Sturmfluten Dünenabbrüche bis zu einer Tiefe von 20 Meter verursacht. Halten Sie sich unbedingt an die gekennzeichneten Wege und die Warnschilder! Erkennen Sie das südlich vorgelagerte Inselchen? Das ist Memmert. Als größtes deutsches Vogelschutzgebiet darf es nur mit besonderer Erlaubnis betreten werden. Bewohner sind Austernfischer, Brandenten, Herings- und Silbermöwen. Nach der Brutzeit, ab Mitte Juli, werden Führungen angeboten.

Wattbewohner unter der Lupe

Zurück zum Dorf laufen oder radeln Sie an der Wattseite entlang bis zum ehemaligen Bahnhof. Auf dem Spielplatz können die Kinder nach Herzenslust toben, die Eltern sehen bei einem Tässchen Tee im „Kompass“ entspannt zu. Seit die Insel 1982 ihren Hafen hat, ist der Bahnhof überflüssig. Früher liefen hier die Züge ein – zunächst von Pferden, später von Dieselloks gezogen. Heute ist darin das **Nationalpark-Haus** beheimatet mit Informationen zum Watt und Naturschutz [Carl-Stegmann-Str. 5, Tel. 04935-15 95, NLPH.Juist@t-online.de, www.nationalparkhaus-juist.de. Di-Fr 10-12, 14-18 Uhr. Eintritt frei, Spende erbeten]. In Aquarien lässt sich Seegetier beobachten und durch das Mikroskop bestaunen, was sich im Watt tummelt. In der Kinderecke können sich die Kleinen im überdimensionalen Modell einer Wellhornschnecke vergnügen.

Matjes- oder Pizza-Pause

Wie Sie nun den Rest des Tages gestalten, ist Geschmacksache bzw. kommt darauf an, wie viel Zeit Ihnen bleibt.

Nervenkitzel im Watt

Die wohl spannendste Wattwanderung: Abhängig von der Mondphase findet alle 14 Tage die Springflutwanderung statt. Sie führt bei tiefster Ebbe ans Juister Fahrwasser. Dort kann man dann beobachten, wie je zwei gewaltige Flutschwalle aus Ost und West in der Rinne aufeinanderkrachen und sich rasend schnell über das Watt ergießen (100 m/min). Diese Gewalt der Natur erzeugt ein echtes Gänsehautfeeling! Infos bei der Kurverwaltung Juist *(→ S. 54).*

Wen der Hunger nach etwas Deftigem packt, der ist in der Strandstraße 12 richtig. Im „Bistro Matjes und Co“ kann man zwischen Köstlichkeiten aus dem Meer und Nudeln und Co. wählen.

Kutsche und Wassernixe

Auf große Zustimmung stoßen Sie sicherlich mit einer „Pferdepause“. Eine Kutschfahrt durch den Ort? Ponyreiten? Einmal selbst Kutscher im Ponyplanwagen spielen? Das größte Programm bieten die **Fuhrmannshöfe Heyken und Kannegieter** östlich des Ortes [Fuhrmannshof Kannegieter, Flugplatzstr. 13, Tel. 04935-498, fuhrmannshof@t-online.de, www.fuhrmannshof.de. Reit- und Kutschbetrieb Heyken, Flugplatzstr. 11, Tel. 04935-664]. Im Schnitt muss man für eine Stunde Pferdepogramm mit etwa 50 Euro rechnen.
Es schüttet aus Kübeln? Dann können

Sie sich in das **Meerwasser-Erlebnisbad** an der Strandpromenade zurückziehen. Nicht zu übersehen thront es auf einer der höchsten Dünen der Insel [Strandpromenade am Kurmittelhaus, 26571 Juist, Tel. 04935-80 92 22, meerwassererlebnisbad@juist.de. Öffnungszeiten variieren, bitte tel. erfragen. 2 Std.: Erw. € 5, Kinder € 3].

Im Fluge über „Töwerland“

Wer lieber noch mehr von der Zauberinsel sehen möchte, sollte der Dünenstraße folgen. Das Schutzgebiet östlich des Ortes darf man nicht betreten, doch der Weg zum Flugplatz führt daran entlang. Zur Freude der Kinder treffen Sie gleich hinter dem Inselfriedhof auf zwei Reitställe mit Norwegern, Haflingern und Friesen. Etwas Besonderes ist sicher ein **Inselrundflug**. Auch die Kinder werden sich mit großen, glänzenden Augen die Nasen an den Scheiben platt drücken – vorausgesetzt natürlich, sie sind „flugtauglich“ [Air Hamburg Luftverkehrsgesellschaft, Kleine Bahnstr. 8, 22525 Hamburg, Tel. 040-70 70 88 90, info@air-hamburg.de, www.air-hamburg.de]. Hinter dem Flugplatz beginnt das Kalfamer-Naturschutzgebiet, ein Vogelbrutgebiet, von weiten Sandflächen umgeben. Dort brütet die vom Aussterben bedrohte Zwergseeschwalbe. Vom 1. April bis 31. Oktober werden Führungen angeboten (Infos im Nationalpark-Haus, → S. 57). Auf dem Rückweg bietet das Café Wilhelmshöhe einen schönen Rahmen für den Abschied vom kleinen „Zauberland“. Übrigens: Wenn Sie 2007 Ihren Urlaub auf Juist verbracht haben, dann haben Sie wahrscheinlich die große Tafel gesehen, auf der das Projekt „Seebrücke“ angekündigt wurde. 2008 soll sie fertig gebaut sein.

Einsteigen – und los geht's mit dem Flufzeug über „Töwerland“

Tour 6: Mitten im Multi-Media-Orkan

Carolinensiel • Hooksiel • Wilhelmshaven • Jever

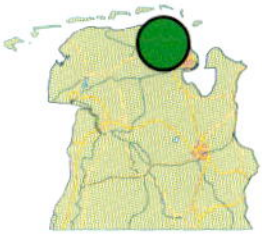

Wo: am „Kap der guten Erholung" • Wie: mit dem Auto, zu Fuß • Dauer: Tagesausflug • Nicht vergessen: Badesachen, Landkarte

Die aufregende Vergangenheit eines kleinen Küstenstrichs – davon erzählt diese Rundtour. Sie führt in hübsche Sielhäfen und einladende Seebäder. Die größte Stadt ist Wilhelmshaven. Sehenswert für Groß und Klein ist dort das Wattenmeerhaus mit Sturmerlebnisraum. Als letzte Station lockt die alte Stadt Jever mit Fräulein Maria und echt friesischer Braukunst. Für jeden Programmpunkt reicht wohl nicht die Zeit, daher sollten Sie sich je nach Gusto schon vorher ein paar Highlights herauspicken.

Einmal im Leben Käpt'n sein

Der Ausflug beginnt in **Carolinensiel** [Tourist-Information Carolinensiel-Harlesiel, Nordseestr. 1, 26409 Wittmund-Carolinensiel, Tel. 04464-94 93-0, info@harlesiel.de, www.harlesiel.de]. Parken Sie bei der Kurverwaltung in der Bahnhofstraße, fünf Gehminuten vom Museumshafen entfernt. Bis zur Hälfte des letzten Jahrhunderts war der Ort einer der geschäftigsten Häfen an der gesamten friesischen Küste! Mächtige Speicher und historische Segelschiffe erinnern noch daran. Dann aber wuchs die Wasserrinne im Watt zwischen Wangerooge und Festland zu. Für die aufkommenden Dampfschiffe wurde der Hafen zu klein und verlor an Bedeutung.

„Schiff ahoi" oder Puppenglück

Im über drei historische Häuser verteilten **Sielhafenmuseum** sind Originalteile alter Segelschiffe, nautische Geräte aus der Windjammerzeit sowie viele Fotos und Gemälde zur Geschichte des Hafens zu sehen [Pumphusen 3, 26409 Carolinensiel, Tel. 04464-869 30, info@dshm.de, www.deutsches-sielhafenmuseum.de. 24. März-4. Nov, in den Winterferien tgl. 10-18 Uhr, Führungen nach Absprache. Erw. € 4, Kinder € 2, Familien € 8]. Angeschlossen ist ein Kapitänshaus mit stimmungsvoll eingerichteter historischer Seemannskneipe.

Wer selbst einmal Seemann spielen und so ein altes Schiff ausprobieren will: Der **Raddampfer Concordia** tuckert jede volle Stunde ab Carolinensiel den Kanal entlang bis zum Fährhafen Harlesiel, jede halbe Stunde wieder zurück [Reederei Albrecht, Friedrichsschleuse 3a, 26409 Carolinensiel, Tel. 04464-942 97 41, info@reederei-albrecht.de, www.reederei-albrecht.de. Abfahrt: jede volle Stunde. Hin- und Rückfahrt: Erw. € 5, Kinder € 2,50]. Oder Sie machen etwas ganz anderes und stöbern eine Runde durchs **Spielzeugmuseum** [Wittmunder Str. 6, 26409 Carolinensiel, Tel. 04464-95 00. Mo-So 10-13 u. 15-18 Uhr.

„Schiff ahoi!" heißt es im Museumshafen Carolinensiel

Erw. € 2,50, Kinder € 1,50]. Hier ist zu sehen, womit sich die Kinder vor der Ära der Computer die Zeit vertrieben haben: antike Puppen, kuschelige Teddybären oder Blechspielzeug. Danach könnten Sie im hübsch dekorierten „Puppen-Café" ein Päuschen einlegen. Für kleine und große Schleckermäuler werden supersüße gefüllte Windbeutel aufgetischt.

Wo Kinder Könige sind

Von Carolinensiel wäre es nun nicht weit zum „Freizeitpark Lütge Land" in Altfunnixsiel, doch für diesen Ausflug sollten Sie mindestens einen halben Tag einplanen (→ S. 87). Weiter geht die Reise am „Kap der guten Erholung" entlang, wo der Jadebusen in die offene See mündet. Das kleine vorgelagerte Inselchen ist die Sandplatten-Insel **Mellum**. Im Herbst wird hier der Vogelzug zu einem gigantischen Schauspiel. Riesige Schwärme von Seevögeln sammeln sich auf dem Eiland: An nur einem einzigen Septembertag wurden 6.000 Kiebitzregenpfeifer, 20.000 Knuts, 1.500 Austernfischer, 30.000 Alpenstrandläufer, 20.000 Große Brachvögel und Tausende von Möwen und Brandenten gezählt!
Sie folgen dem Verlauf der Küste und gelangen zum Doppelort **Horumersiel-Schillig**. Hier gibt's Gelegenheit zu einem Päuschen am kinderfreundlichen Strand.

Zwei starke Kerle

Dort, wo die Störtebekerstraße den Saum der Jade streift, liegt **Hooksiel**, der schönste Hafenort am Jadebusen. Parken Sie das Auto gleich am Ortseingang und schlendern Sie durch die schmalen Straßen Richtung Hafen. Seit 1546 lebte man in Hooksiel vom Fisch- und Muschelfang. Und das „stählt" wohl: Von hier stammen mit Anton Vieth, einem der drei deutschen Turnväter, und Paul Hegemann, einem Nordpolabenteurer, zwei richtig starke Kerle.
Heute hat sich das hübsche Fischerstädtchen zum Küstenbad gewandelt: Vor dem neuen Hooksieler Seedeich wurde über vier Kilometer Länge Sand aufgespült. Doch es lohnt ein Blick auf den

pittoresken Fischereihafen, von dort laufen die großen Kutter noch heute zum Muschelfang aus. Ab September werden die Hooksieler Muscheln von den Zuchtbänken geerntet, diese sind als Leckerbissen bis nach Paris bekannt. In den Fischbuden am Hafen kann man bestaunen, was sich sonst noch so alles in den Netzen fängt, und sich mit einem Fischbrötchen stärken.

Grüne Stadt am Meer

Wieder im Auto, rollen Sie noch einige wenige Kilometer nach **Wilhelmshaven** [Tourist-Information, Bahnhofsplatz 1, 26382 Wilhelmshaven, Tel. 04421-91 30 00, tourist-info@whv-freizeit.de, www.wilhelmshaven.de]. Jung ist sie, die grüne Stadt am Meer. Sie feierte 2004 gerade mal 135 Jahre Bestehen: 1853 kauften die Preußen dem Großherzog von Oldenburg Gelände für 500.000 Taler ab, um in der geschützten Nordseebucht einen Kriegshafen zu bauen. König Wilhelm gab der Stadt ihren Namen. Ein Blick vom Rathausturm bietet Ihnen eine erste Orientierung und ein kunterbuntes Bild: Rot schimmern die Klinkerhäuschen, grün stechen die vielen Parks ins Auge, tiefblau leuchtet der Jadebusen, bunt die am Deich aufgereihten Strandkörbe.

Sturmerlebnisse und ein Gigant der Meere

Nun aber nichts wie hin zum **Wattenmeerhaus**, einfach den Hinweisschildern „Südstrand" folgen [im Nationalparkzentrum Wilhelmshaven, Südstrand 110 b, 26382 Wilhelmshaven, Tel. 04421-91 07 33, info@wattenmeerhaus.de, www.wattenmeerhaus.de. April-Okt tgl. 10-18, Nov-März Di-So 10-17 Uhr. Erw. € 6, Kinder (bis 6 J. frei) € 3, Familien € 13,50]. Ein spannendes Erlebnis wartet auf Sie. Im neuen Multi-Media-Sturmerlebnisraum können Sie live erleben, wie sich ein richtiger Orkan anfühlt – und nicht nur das.

Noch Lust auf mehr Meer? An der Südstrand-Promenade, nahe der gewaltigen Kaiser-Wilhelm-Brücke, die übrigens mit 159 Metern Spannweite die größte Drehbrücke Deutschlands ist, wartet das **Seewasser-Aquarium** [Südstrand 21, 26382 Wilhelmshaven, Tel. 04421-411 42, info@bullermeck.de, www.aquarium-wilhelmshaven.de. tgl. 10-18 Uhr. Erw. € 8, Kinder € 6]. Hier tummeln sich in 40 Schaubecken – ausgestattet mit Bodenarten wie Sand, Kies, Muschelschill – vom Hering bis zur Seezunge alle in der Nordsee lebenden Fischarten. Im Rundschwimmbecken ziehen Haie ihre Kreise. Und dann sind da noch, weltweit ziemlich einmalig übrigens, die

Die Kaiser-Wilhelm-Brücke ist die größte Drehbrücke Deutschlands

Tiere, die unter dem Eis der Antarktis bei null Grad Wassertemperatur leben: 15 Fischarten, die Frostschutzmittel im Blut entwickelt haben und geheimnisvolle Spinnenasseln mit bis zu 20 Zentimeter Durchmesser, die fast nur aus Beinen bestehen, sind zu beobachten. Ziemlich gruselig.
Noch etwas Besonderes gibt es einige Schritte weiter zu sehen: den **Pottwal von Baltrum**, der am 4. November 1994 auf einer Sandbank vor der Insel strandete und starb. Tausende von Schaulustigen versammelten sich damals in Norddeich, wo der 40 Tonnen schwere Wal auf den Kai gehoben wurde. Wissenschaftler wendeten an ihm ein neues Plastinationsverfahren an. Herz, Blasloch und Penis wurden konserviert, die Knochen gesäubert, von der Schwanzflosse ein Abguss hergestellt. In einer Werkausstellung sind Knochen zu sehen, man kann sie sogar berühren [Pottwal von Baltrum, Südstrand 106, 26382 Wilhelmshaven, Tel. 04421-45 51, Juli-Aug 10-18, Sep-Juni bis 17 Uhr, Mo geschlossen. Erw. € 3, Kinder € 1,50]. Fühlt sich ziemlich komisch an, oder? Gegenüber dem Aquarium serviert als kleinen Snack das Café Seewärts eine Mega-Portion Seeräuberpfannkuchen. Weiterfahren oder bleiben? Wenn Sie noch ein Weilchen in Wilhelmshaven bleiben möchten, könnte Sie das **Spaßbad Nautimo** besuchen und im Wasser planschen [Friedenstr. 99, 26386 Wilhelmshaven, Tel. 04421-77 35 50, info@nautimo.de, www.nautimo.de. Mo-Fr 10-22, Sa, So, feiertags 9-22 Uhr. Tageskarte: Erw. € 9,50, Kinder € 5].

Carolinchen Club

Seit 2007 gibt es im Nordseebad Carolinensiel-Harlesiel den Carolinchen Club für Kids, Teens und für die ganze Familie. Geboten werden viele neue Ideen für Groß und Klein, für Sonnen- und Regentage, für Sport und Spiel, für Unterhaltung und Abenteuer. Für Kinder gibt es z. B. Schnuppersegeln, Sportturniere, Kreativangebote, für die ganze Familie Wanderungen oder Familienolympiaden. Über einzelne Veranstaltungen informieren aktuelle Plakataushänge (Infos bei der Tourist-Information *→ S. 59* *oder im Internet: www.harlesiel.de/kids).*

Friesisch herb, wie das Land

Weiterfahren? Dann steuern Sie nun landeinwärts nach **Jever** [Stadtverwaltung Jever, Am Kirchplatz 11, 26441 Jever, Tel. 04461-93 90, info@stadt-jever.de, www.stadt-jever.de]. Schon im 10. Jahrhundert existierte hier ein regionales Kulturzentrum, im 11. Jahrhundert gehörte der Ort, damals noch am Wasser gelegen, zu den bedeutendsten Handelsplätzen der Küste. Die drei futuristisch anmutenden, 32 Meter hohen Gärtürme des **Friesischen Brauhauses Jever** an der „Pferdegraft" sind heute das Aushängeschild der Stadt. Wer den Werdegang des Gerstensaftes vom Sudhaus bis zur Flaschenabfüllung nachvollziehen möchte, kann eine Führung buchen [Friesisches Brauhaus zu Jever, Schlachtstr. 2, 26441 Jever. Anmeldung für Führungen unter

Tel. 04461-137 11, info@jever.de, www.jever.de. Erw. € 6,50, Kinder (bis 6 J. frei) € 2,50]. Dabei brodelt's, zischt's, riecht's – so eine Brauereiführung ist auch für die Kinder interessant! Und für die Eltern gibt's etwas zu kosten ... Bevor Sie loslegen, könnten Sie in der Pizzeria „La Casetta", Bahnhofstraße 44, mit einer knackig-krossen Pizza Margherita eine Grundlage schaffen.

Das geheimnisvolle Verschwinden des Fräulein Maria

Ob sich das Fräulein Maria auch schon derartigen Genüssen hingab? Jever ist die Stadt der beliebten Regentin „Fräulein Maria" (1500-1575), die sich dafür einsetzte, dass Jever die Stadtrechte erhielt. Doch eines Tages war sie spurlos verschwunden. „Ich komme wieder", hatte sie noch erklärt, bevor sie in einem unterirdischen Gang des Schlosses verschwand – bis heute weiß man nicht, welches Schicksal sie ereilte. Wenn um 22 Uhr das Glockenspiel am Markt erklingt, erzählt man sich ihre Geschichte. Standesgemäß lebte Fräulein Maria in einem prachtvollen Schloss mit einer herrlichen Parkanlage. Hayo Harlda ließ das **Schloss zu Jever** 1428 an der Stelle einer ehemaligen Wasserburg errichten, sein Enkel Edo Wiemken vollendete 1505 das Werk. Der Turm, das Wahrzeichen von Jever, kam 1736 hinzu. Unter den Händen Fräulein Marias verwandelte es sich in ein Traumschloss, besonders prachtvoll sind die 28 Eichenholzkassetten und die goldgepresste Schweinsledertapete. Kleine Prinzessinnen werden an den kostbaren Brautkleidern ihre Freude haben [Schloss zu Jever, Schloßplatz, 26441 Jever, Tel. 04461-21 06,

Außen modern, innen ganz traditionell: das friesische Brauhaus

schlossmuseum.jever.@ewtel.net, www.schlossmuseum.de. Juni-Dez 10-18 Uhr. Erw. € 3,50, Kinder frei, angemeldete Führung € 40 plus € 2,50 pro Erw., € 1,80 pro Jugendlichen und € 1 pro Kind].

Wenn Sie mögen, können Sie noch Georg Stark in seiner **Blaudruckerei** besuchen. Seit 1985 färbt und bedruckt er Stoffe genauso wie es schon im 18. und 19. Jahrhundert üblich war. Mit stolzem Lächeln präsentiert der Meister seine 400 Druckstöcke mit den traditionellen und wunderschönen Mustern und erklärt Ihnen geduldig die Technik [Blaudruckerei, Kattrepel, 26441 Jever, Tel. 04461-713 88, www.blaudruckerei.de. Mo-Fr 10-13 u. 14-18, Sa 10-13 Uhr. Eintritt frei. Vorträge für Gruppen können bestellt werden, Dauer der Führung: ca. 30 Minuten, Kosten bis 20 Pers. € 24].

Tour 7: Wenn Mutter Natur zum bissigen Monster wird

Neuenburg • Varel • Fedderwardersiel • Butjadingen

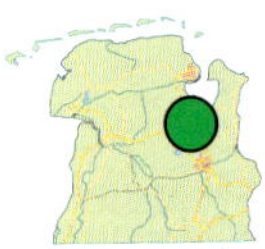

Wo: am Jadebusen entlang • Wie: mit dem Auto • Dauer: Ganztagestour • Nicht vergessen: Landkarte, Badesachen, Fernglas

Waldelfen statt Wassermänner: In einem Landstrich, wo Wasser und Watt allgegenwärtig sind, die Luft nach Seetang und Fisch riecht, wird ein üppiger Wald mit seinem erdigen Duft zu einer Besonderheit. Herrlich für Naturfreunde ist der verwilderte Neuenburger Urwald mit seinen jahrhundertealten Bäumen. Wenn Sie früh am Morgen starten, haben Sie die Waldwelt für sich und können den schönsten Vogelsinfonien lauschen: leises Zwitschern, lautes Tirilieren – und wenn Sie genau hinhören, erkennen Sie vielleicht das glockenhelle Lachen einer Elfe, die, so sagt man, unter uralten Wurzelstöcken wohnt. Weiter führt der Ausflug dann am Jadebusen entlang, der größten Bucht im Nationalpark Niedersächsisches Wattenmeer. Als kleine Extratouren stehen zur Wahl: ein Zoobesuch, eine Stadtbesichtigung, Nordseeplanschen oder die glitzernde Center-Parcs-Ferienoase mit ihrem Spaßbad, ein Besuch bei Buddelschiffbauer Gustav Ackermann.
Übrigens auch hier der Tipp: Prüfen Sie vor Ihrer Tour die Öffnungszeiten genau und wählen Sie den Wochentag für Ihren Ausflug im Hinblick auf die Sehenswürdigkeiten Ihrer Wahl!

Urwaldexpedition

Der Neuenburger Urwald liegt in der Friesischen Wehde. „Wehde" bedeutet Wald, und dieser erstreckt sich von Zetel bis Varel. Steuern Sie, von der Küste kommend, landeinwärts Neuenburg an. Hölzerne Schilder – „Zum Urwald" – führen Sie zum offiziellen „Urwald-Parkplatz". Dort vermitteln Wandertafeln einen Überblick über das Gebiet.
Wer will, kann auch im Vorfeld beim Fremdenverkehrsbüro in **Neuenburg** eine Führung vereinbaren [Am Markt 7, 26340 Neuenburg, Tel. 04452-13 01, richardbolte@hotmail.com, www.jadebusen.de].
Spazieren Sie vorbei an Baumriesen und umgestürzten Stämmen, von Efeuranken umschlungen, und machen Sie sich auf die Suche nach den Waldelfen. Mit leisem Summen lassen sich die zarten Wesen mit rosa Wangen, hellroten Röckchen und dunkelroten Westchen manchmal hervorlocken.
Der Urwald, 48 Hektar groß, ist Kernstück des rund 650 Hektar großen Neuenburger Holzes. Die ältesten Eichen sind bis zu 600 Jahre alt. Ursprünglich war der Wald ein Hudewald, das heißt, die benachbarten Bauern trieben ihr Vieh zur Weide hierher. Durch die Beweidung und die starke Selektion entstand ein sehr offener Wald ohne viel Unterholz mit großkronigen, alten Bäumen. Seit 1880 steht das Gebiet unter Naturschutz.

Glühende Kohle für kalte Füße

Hungrig geworden? Dann auf zum Neuenburger Schloss, von anno 1462, das – weiß getüncht, mit kleinem Türmchen auf dem Dach – hinter einer herrlichen Auffahrtsallee liegt. Es dient heute als Dorfgemeinschaftshaus. Im Schlossgarten wurde ein **Freilichtmuseum** errichtet, das Sie in vergangene Zeiten zurückversetzt [Kontakt: Heimatverein Neuenburg, Friedeburgerstr. 12, 26340 Zetel-Neuenburg, Tel. 04452-588, Rauchkate@heimatverein-neuenburg.de, www.heimatverein-neuenburg.de. Keine festen Öffnungszeiten, am besten, Sie rufen vorher an. Erw. € 2,50, Kinder € 1]. Alte Küchengeräte dokumentieren die einst mühselige Hausarbeit. Unter dem Tisch in der Wohnstube steht eine Feuerkieke, ein Tontopf für glühende Holzkohlen, der an kalten Wintertagen als Fußwärmer diente. Im angeschlossenen „Mühlencafé" warten leckerer, selbst gebackener Kuchen und duftender Kaffee. Wie die Kinder hiesiger Bauern einst die Schulbank drückten, könnten Sie nun im benachbarten Zetel erfahren (→ Kasten links).

Ferien – nein danke?

Haben Sie Schulkinder zu Hause? Dann sollten Sie unbedingt einen Ausflug ins Zeteler Schulmuseum einplanen. In der authentisch eingerichteten Schulklasse aus der Zeit um 1910 sieht es beinahe so aus, als seien die Kinder soeben laut schreiend zur Pause hinausgestürzt. Man kann in Heften und auf den Schiefertafeln schreiben und eine Unterrichtsstunde wie anno dazumal miterleben. Auf Wunsch erhält man auch Pausenbrot und Milch. Auf dem Schulhof stehen alte Spiel- und Turngeräte, an denen sich die Kinder vom Unterricht wieder erholen.

Zeteler Schulmuseum:
Wehdestr. 97, 26340 Zetel-Bohlenbergerfeld, Tel. 04453-13 81, info@schulmuseum.de, www.schulmuseum.de, Di-Fr 14-16.30, Sa, So, feiertags 14-18 Uhr. Erw. € 2, Kinder € 1, eine Schulstunde € 15, Kleines Frühstück € 5).

Des Müllers Lust und die Hafenromantik

Ihr Weg führt weiter Richtung Küste: Die **Windmühle zu Varel**, ein vierstöckiger Galerieholländer (1847), kündigt sie Ihnen an. Mit 30 Metern Höhe und 24 Metern Flügellänge ist sie eine der größten in Deutschland und kann besichtigt werden [Mühlenstr., 26316 Dangast/Varel. info@friesische-muehlenstrasse.de, www.friesische-muehlenstrasse.info. Sa 10-12 Uhr (1. Mai-31. Okt zusätzlich Mi u. So 10-12 Uhr), sonst nach Anmeldung unter Tel. 96 84 32, Erw. € 2, Kinder € 1,50]. **Varel**, etwas höher gelegen, entkam den schweren Sturmfluten der letzten Jahrhunderte [Kurverwaltung Dangast/Varel, Am Alten Deich 4-10, 26316 Varel, Tel. 04451-91 14-0, info@dangast.de, www.dangast.de, www.varel.de]. Die Oldenburger Grafen wählten die Stadt im 16. Jahrhundert als Residenz und

Im Blick: die Vareler Windmühle

Sommersitz. Die **Schlosskirche St. Petrus** ist der historische Mittelpunkt. Ludwig Münstermann gestaltete den harmonischen Innenraum mit Taufbecken, Kanzel und Altar (→ Kasten S. 67). Wieder Lust auf Meer-Feeling? Dann schlendern Sie durch den Hafen. Im Wasser schaukeln Sportboote und ein paar Fischkutter. Dort liegt auch das **Spijöök**, ein **Museum für Kuriositäten und Seemannslegenden** [Am Hafen 5c, 26316 Dangast/Varel, Tel. 04451-44 88, Mitte Mai-Mitte Sept Sa u. So 15-17 Uhr und nach Vereinbarung. Führungen finden zu jeder vollen Stunde statt. Erw. € 4, Kinder € 2]. Ein „Seemann" präsentiert Ihnen skurrile Gegenstände aus der Seemannswelt und spinnt Seemannsgarn. Sogar einen „Schnöselkäfer" gibt es dort. Was das ist? Finden Sie es heraus! Anschließend bietet sich das Restaurant „Aal und Krabbe", ebenfalls am Hafen, für eine gemütliche Pause an – Gelegenheit, die weitere Tagesplanung vorzunehmen: Zur Wahl stehen ein Zoobesuch in Jaderberg (→ S. 90) und ein Abstecher zu Strand und Watt in Dangast.

Die Künstler und das Land

Dangast lag einst hoch und trocken. Eine Sturmflut machte den Fischerort 1511 zur Insel, Burg und Kirche gingen unter. Heute hat er sich zum Familienbad gemausert mit schönem Sandstrand am Rande des Busens. Und er kokettiert mit seinem Ruf als Küsten-Künstler-Treff; entdeckten ihn doch drei Maler der Künstlergruppe „Die Brücke" – Karl Schmidt-Rottluff, Erich Heckel, Max Pechstein – bei ihrer Suche nach unberührter Natur. Franz Radziwill lebte in einem Haus an der Sielstraße und sicherte Dangast einen Platz in der Kunstgeschichte. Das Neueste: Damit eben dieser neue Berechtigung erfährt, schufen Künstler hier einen Stein des Anstoßes: einen über drei Meter hohen Phallus – von dem aus man übrigens den besten Blick auf den Arngaster Leuchtturm genießt.

Haifischbiss

Ein letzter Blick zurück, dann fahren Sie weiter den Jadebusen entlang. Er sieht aus, als hätte ein Haifisch einmal kräftig zugebissen. Das gewaltige Loch, 4,5 Kilometer breit, 13 Kilometer ins Landesinnere reichend, entstand während schwerer Sturmfluten vor allem zwischen 1219 und 1362. Im 18. Jahrhundert begann man langsam mit der Eindeichung der Bucht.

Noch heute hat man ein waches Auge auf den Bereich des Jadebusens: 1968 wurde er als Europareservat anerkannt. Das Areal darf nicht betreten werden, hier und da führen markierte Wanderwege hindurch. Sein Watt ist beliebte Rastzone für Zugvögel. Darum: Augen auf bei einer Wanderung! Im Frühjahr und Herbst sieht man hier gewaltige Vogelschwärme.

Wo das Moor schwimmenlernt

Gleich ist **Sehestedt** erreicht. Zu „sehen" gibt's eine in Deutschland einmalige Naturattraktion: ein schwimmendes Moor. Es ist zehn Hektar groß und Rest eines riesigen Hochmoors, das einst das gesamte Gebiet des Jadebusens bedeckte. Allerdings schwimmt das Torfschiff nicht ständig, sondern nur bei hohen Sturmfluten. Leider – oder hoffentlich – werden Sie also nicht in den Genuss kommen ...

Die Kinder dürften sich ohnehin mehr an den knuddeligen Schafen erfreuen, die auf dem Sehestedter Deich tippeln. „Bääääää", rufen die Wollknäuel und laufen auf und davon, wenn man sie streicheln möchte. Auf dem Deich steht eine Tafel, die die Geschichte des Moors erzählt. Lassen Sie sich kurz etwas würzige Nordseeluft um die Nase wehen, atmen Sie tief durch, dann geht es wieder zurück ins Auto.

Ludwig Münstermann

Der manieristische Bildhauer Ludwig Münstermann ist ein Künstler, dem Sie auf Ihrer Reise vor allem in evangelischen Kirchen immer wieder begegnen werden. Eigenwillig sind seine Werke, vor allem die Darstellungen seiner Bildhauer- und Schnitzarbeiten: Er überdreht den menschlichen Körper und stilisiert ihn so, die menschliche Anatomie infrage stellend, zur überhöhten Figur. Dabei scheint er die Schwerkraft außer Kraft zu setzen, nur von dünnen Voluten etwa werden die schweren Säulen am Altar gehalten – göttliche Kräfte mit künstlerischen Mitteln sichtbar gemacht. Ähnlich hält er es mit dem Licht. Seine Werke, mit Silber- oder Goldfolie verziert, wirken wie von Licht durchstrahlt. Eine seiner schönsten Arbeiten ist der Altar in der ***Schlosskirche von Varel.***

Wasser-Spaß-Pause

Werden die Kleinen langsam unruhig? Dann ist es Zeit zum Rumtoben im Center Parc **Aqua Mundo**, einer 4.000 Quadratmeter großen künstlichen Urlaubswelt (→ S. 99). Ausgetobt und im Bistro gestärkt? Die Kinder erfolgreich aus dem Wasser geholt? Dann starten Sie Ihr Auto und rollen noch einmal zehn Kilometer bis **Fedderwardersiel**, einem malerischen Fischerdorf in der Gemeinde Butjadingen in der Wesermarsch.

Kutter-Stillleben

Im malerischen Hafenbecken schaukeln dort die Fangschiffe Seite an Seite und warten auf ihren Einsatz. Am Ufer hocken Seemänner mit Piep und Kapitänsmütze, flicken an ihren Netzen. Vielleicht tuckert gerade ein Kutter herein. Die Schiffsschraube wühlt noch einmal das Wasser auf, bevor er an Poller und Duckdalben vertäut wird. Krabbenkiste um Krabbenkiste wechselt dann vom Schiff in den Kühllaster, bis der ganze Fang verstaut ist. Haben Sie schon einmal Krabben gepult?

Genug Romantik genossen? Dann haben Sie wieder einmal die Wahl. Direkt am Hafen befindet sich das **Nationalparkhaus-Museum Butjadingen**, das einen Einblick in das Leben an der Küste vermittelt. Die Kinder können sich dabei die Meerwasseraquarien und ihre Bewohner ansehen [Am Hafen 4, 26969 Butjadingen, Tel. 04733-85 17, nlph.museum.fed-siel@nwn.de, www.museum-fedderwardersiel.de. im Sommer tgl. 10-18 Uhr, im Winter kürzere Öffnungszeiten. Erw. € 2,50, Kinder (ab 6 J.) € 1,20].

Krabbenpulen ist ein Spaß für die ganze Familie, besonders frisch vom Kutter

Tour 8: Bananen, Eisbären und eine Nacht im Leuchtturm

Bremerhaven

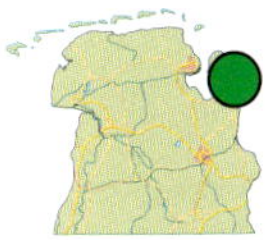

Wo: Bremerhaven • Wie: zu Fuß • Dauer: Tagestour • Nicht vergessen: Stadtplan

Pieranlagen. Eckige Betonküste. Die Stadt, ein langer Schlauch. Bremerhaven ist nicht schön – aber spannend, vor allem an der Waterkant. Seit jeher gehören Hafenstädte zu den farbigsten und lebendigsten eines Landes: Betriebsamkeit, fremde Sprachen, gleißende Segel, das Tuten eines Nebelhorns, das Kreischen der Möwen. Fast alle Museen und Sehenswürdigkeiten liegen in **Bremerhaven** am Wasser, die Kulisse bilden Schiffe aus aller Welt [BIS Bremerhaven Touristik, TouristCenter Hafeninsel, H.-H.-Meier-Str. 6, 27568 Bremerhaven, Tel. 0471-946 46 10, touristik@bis-bremerhaven.de, www.bremerhaven-tourism.de]. Bremerhaven hat einen der größten Containerhäfen in Deutschland, über eine Million dieser Behälter werden im Jahr umgeschlagen. Hier also kommt die Banane aus Südamerika an, bevor sie bei uns in der Obstabteilung des Supermarktes landet.

Der Hafen aus der Vogelperspektive

Den besten Überblick über den Hafen hat man vom **Container-Aussichtsturm** an der Nordschleuse, den man – wenn es nicht gefriert – erklimmen kann [Steubenstr., Geöffnet: tgl. 24 Stunden außer bei Glatteis. Eintritt frei]. Vom Zentrum kommend folgen Sie der Beschilderung zum Fähranleger – die Fahrt dorthin ist allerdings etwas umständlich. Parkplätze gibt es am Aussichtsturm. Blickt man nach Süden, entdeckt man den Columbuskai. Bis in die 1960er-Jahre hinein schifften sich hier Tausende deutscher Auswandererfamilien in die Neue Welt ein. Heute legen Traumschiffe an der Pier an und machen die Helgoländer Fährschiffe fest.
Am südlichen Ende der Stadt liegt der Fischereihafen, eines der größten Fischereizentren Deutschlands.
Die ehemalige Packhalle IV wurde in eine maritime Begegnungsstätte verwandelt: Das so genannte „Schaufenster Fischereihafen" gibt einen Einblick in die Fischverarbeitung, es gibt Marktstände, Musik- und Theaterveranstaltungen und überall Fischgeruch.
Und zum Schluss geht es nach unten. Entweder im Meerwasserquarium unter Wasser oder in der Phänomenta unter die Erde!

Ein kleiner Wegweiser vorweg

Beginnen Sie den Ausflug im **„Zoo am Meer"**, am Weserdeich bei der Strandhalle [H.-H.-Meier-Str. 15, 27568 Bremerhaven, Tel. 0471-308 41 41, info@zoo-am-meer-bremerhaven.de, www.zoo-am-meer-bremerhaven.de. April-Sept 9-19, März, Okt 9-18, Nov-Feb 9-16.30 Uhr. Erw. € 6,50, Kinder € 3,50,

Schwimmendes Restaurant: die Seute Deern

Mo ist Familientag: Erw. € 5, Kinder € 2,50]. Wer sich den oben beschriebenen Aussichtsblick lieber sparen und gleich mit dem Rundgang starten möchte, nimmt auf der A 27 die Abfahrt Bremerhaven Mitte, folgt der B 212 Richtung Hafen und biegt in die Columbusstraße links ab zum Hafen und zum Zoo. Dort kann man das Auto auch bequem abstellen. Wer keine Lust hat, durch die betriebsame Stadt zu gondeln, kann auch am Hauptbahnhof parken und von dort mit dem Bus fahren.

Polarfische und Seebären

Der Zoo am Meer ist eine Welt für sich. Vom Polar- bis zum Tropenfisch sind alle Tiere in geräumigen Aquarien untergebracht. Biber und Robben sind unterwegs. Mit etwas Glück erblickt man ein kuscheliges, weißes Eisbärchen, denn in Bremerhaven befindet sich eine der erfolgreichsten Eisbärzuchten der Welt. Lauter kleine süße Flocken! Am liebsten würde man die schnuckeligen Tierchen unter den Arm packen und mit nach Hause nehmen. Niedlich sind auch die Schnee-Eulen. Der Zoo rühmt sich der größten Basstölpel-Kolonie Europas. Nehmen Sie sich etwas Zeit für den Tiergarten, schlendern Sie an den Aquarien und Käfigen vorbei: Es wird gar nicht so einfach, die Kleinen wieder loszureißen.

Auf dem Windjammer schlemmen

Wenn Sie sich mal was Besonderes gönnen möchten, dann sollten Sie auf dem alten Windjammer Seute Deern speisen. In den ehemaligen Fracht-, Mannschafts- und Kapitänsräumen, dort, wo einst Fässer, Kisten und Säcke verstaut wurden, bekommt man heute Labskaus und Schwarzbrot mit Matjes serviert.

***Seute Deern:** Museumshafen des Deutschen Schifffahrtsmuseums Bremerhaven, von Ronzelenen Str., 27568 Bremerhaven, Tel. 0471- 41 62 64, info@seutedeern.de, www.seutedeern.de.*

Einkaufsmeile

Bummeln Sie anschließend die Deichpromenade weiter. Die beiden Hochhäuser auf der Landseite nennen sich Columbus-Center: eine lang gestreckte Einkaufsmeile mit Shops, Kino, Lokalen, alles unter einem Dach. Und über all dem wacht der Radarturm mit Aussichtsrondell. Nehmen Sie im Columbus-Center am besten einen Imbiss ein, denn gleich hat der Klabautermann noch eine Menge mit Ihnen vor ...

Beim Klabautermann

Unterhalb des Turms nahe der Doppelschleuse liegt das **Schifffahrtsmuseum**, eines der spektakulärsten an der Nordseeküste und ein echtes Entdeckerparadies für Kinder: Piraten, Schmuggler, Heldentaten – man marschiert durch die Geschichte der Seefahrt wie durch einen Abenteuerfilm. Der leibhaftige Klabautermann hockt gleich am Eingang auf seinem Brunnen. Mit einem Ohr lauscht er auf das Tuten der Frachter und Schiffe, das Kreischen von Kränen und Ladeanlagen – und begleitet die Besucher auf ihrem Rundgang durch sein Museum [Deutsches Schifffahrtsmuseum, Hans-Scharoun-Platz 1, 27568 Bremerhaven, Tel. 0471-48 20 70, info@dsm.de, www.dsm.de. April-Okt tgl. 10-18, Nov-März Di-So 10-18 Uhr, Erw. € 6, Kinder € 4].

Puzzle-Boot in Teilen

Der Klabautermann ist auch dabei, wenn Sie vor dem mit 11.000 Jahren ältesten Boot der Welt stehen oder wenige Schritte weiter den Nachbau der einzigen erhaltenen Hansekogge bestaunen (**Museumshafen** frei zugänglich). Die Originalteile des guten Stücks, wohl aus dem Jahre 1368, ruhen in einem riesigen Edelstahltank. 1962 haben Arbeiter es im Bremer Neustädter Hafen entdeckt – in über 2.000 Einzelteile zerlegt. Erst 17 Jahre später war es gelungen, alle Stücke so zusammenzufügen, dass das Gesamtbild sichtbar wurde. Das Originalschiff liegt in einem Chemikalienbad, sonst würde es zerfallen. Im Museum kann man ein 1:10-Modell der historischen Kogge bewundern.
Während die Eltern weiter die Rettungsboote, Luxuskabinen und das Torpedozielgerät des Kreuzers „Prinz Eugen“ aus dem Zweiten Weltkrieg bestaunen, können die Kinder über Kletterschiffe toben oder am Miniport mit ferngesteuerten Schiffen das Steuermannspatent erwerben.

Walfänger und Windjammer

Direkt vor dem Museum liegen ein Walfänger, ein Schnellboot, ein Feuerschiff und ein Bergungsschlepper zur Besichtigung. Außerdem zeigt der Museumshafen das einzig erhaltene Exemplar des berühmten U-Boot-Typs XXI, das zwischen 1943 und 1945 als Neuentwicklung zum Einsatz kam. Alle zwei Jahre ist Bremerhaven übrigens Schauplatz eines grandiosen Windjammertreffens.

Kochtipps für zu Hause

Genug gereist? Bestimmt knurrt inzwischen auch schon der Magen? Dann schlendern Sie zur ehemaligen Packhalle. **Forum Fischbahnhof, am Schaufenster 6**, nennt sich das Gelände, das in einen Actionkomplex mit Gastronomiebereich umgewandelt wurde. Sehen Sie beim Fischräuchern der **Fischräucherei**

Tour 9: Im Land der Fehn, der Aale und der armen Sünderlein

Leer • Papenburg/Detern • Oldenburg

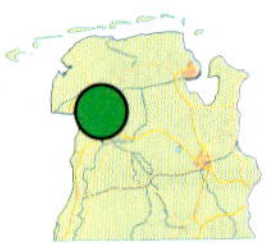

Wo: nördliches Emsland und Landkreis Oldenburg • Wie: mit dem Auto und zu Fuß • Dauer: Ganztagestour • Nicht vergessen: Landkarte, Badesachen

Dieser Ausflug entführt Sie in alte Handelsstädte, in ein modernes Zentrum des Hightech, in ein Märchenland, eine Flusslandschaft und in das Land der Fehn. Nein, mit den Fabelwesen mit Zauberstab und Flügelchen haben diese Fehn nichts zu tun – sie stehen für Moorkolonien und ein hartes Leben. So mancher Moorbauer hätte allerdings zu seiner Zeit eine Fee mit drei Wünschen gut gebrauchen können. „Dem Ersten der Tod, dem Zweiten die Not und dem Dritten das Brot", hieß es damals. Es dauerte drei Generationen, bis man in den Moorgebieten leben konnte.
Die Tour beginnt in Leer, dem „Tor Ostfrieslands". Dann stehen zwei Varianten zur Auswahl: entweder Papenburg mit Meyerwerft plus Märchenwald oder Detern mit Schloss Stickhausen und Badepause im Jümme-See. Beides werden Sie wohl nicht schaffen. Letzte Station ist Oldenburg, die Hauptstadt der Region zwischen Weser und Ems. Wenn möglich, legen Sie den Ausflug auf einen Mittwoch, den Kindertag der Oldenburger Museen. Und noch ein Tipp: Wer die Meyerwerft besichtigen möchte, sollte sich frühzeitig anmelden!

Eis essen in roten Backsteinfassaden

Start der Tour ist die pittoreske Stadt **Leer** [Tourist-Information, Ledastr. 10, 26789 Leer, Tel. 0491-91 96 96 70, touristik@leer.de, www.stadt-leer.de]. Ihre roten Backsteinfassaden im Stil des niederländischen Frühbarocks zeugen vom Wohlstand einer Kaufmannsstadt. Leer ist neben Emden noch heute eine der bedeutendsten Industrie- und Handelsstädte Ostfrieslands.
Ein Stadtbummel beginnt am Bahnhof, wo Sie auch den Wagen abstellen können. Spazieren Sie durch die Fußgängerzone in der Mühlenstraße, beim „Venezia" gibt's ein Eis auf die Hand. Links gelangen Sie zum Hafenbecken, wo Jachten träge vor sich hin schaukeln. Gleich haben Sie den Uferplatz mit dem wuchtigen Rathaus erreicht. Das Waagegebäude davor zählt zu den schönsten Bauten des barocken Klassizismus in Ostfriesland. Von 1530 bis 1865 besaß die reformierte Kirche Leers das Waagemonopol für alle Handelsgüter. Heute können Sie sich im Spitzenrestaurant „Zur Waage und Börse" etwas Gutes gönnen.

Wo gute Tropfen ruhen

Wenn Sie sich an dem hübschen Platz satt gesehen haben, biegen Sie in die Rathausstraße. Bestimmt fällt Ihnen gleich das Zuckerbäckerhäuschen mit den Schnörkeln ins Auge. Ausgerechnet in der Hochburg der Teetrinker liegt mit

Einkaufsmeile

Bummeln Sie anschließend die Deichpromenade weiter. Die beiden Hochhäuser auf der Landseite nennen sich Columbus-Center: eine lang gestreckte Einkaufsmeile mit Shops, Kino, Lokalen, alles unter einem Dach. Und über all dem wacht der Radarturm mit Aussichtsrondell. Nehmen Sie im Columbus-Center am besten einen Imbiss ein, denn gleich hat der Klabautermann noch eine Menge mit Ihnen vor ...

Beim Klabautermann

Unterhalb des Turms nahe der Doppelschleuse liegt das **Schifffahrtsmuseum**, eines der spektakulärsten an der Nordseeküste und ein echtes Entdeckerparadies für Kinder: Piraten, Schmuggler, Heldentaten – man marschiert durch die Geschichte der Seefahrt wie durch einen Abenteuerfilm. Der leibhaftige Klabautermann hockt gleich am Eingang auf seinem Brunnen. Mit einem Ohr lauscht er auf das Tuten der Frachter und Schiffe, das Kreischen von Kränen und Ladeanlagen – und begleitet die Besucher auf ihrem Rundgang durch sein Museum [Deutsches Schifffahrtsmuseum, Hans-Scharoun-Platz 1, 27568 Bremerhaven, Tel. 0471-48 20 70, info@dsm.de, www.dsm.de. April-Okt tgl. 10-18, Nov-März Di-So 10-18 Uhr, Erw. € 6, Kinder € 4].

Puzzle-Boot in Teilen

Der Klabautermann ist auch dabei, wenn Sie vor dem mit 11.000 Jahren ältesten Boot der Welt stehen oder wenige Schritte weiter den Nachbau der einzigen erhaltenen Hansekogge bestaunen (**Museumshafen** frei zugänglich). Die Originalteile des guten Stücks, wohl aus dem Jahre 1368, ruhen in einem riesigen Edelstahltank. 1962 haben Arbeiter es im Bremer Neustädter Hafen entdeckt – in über 2.000 Einzelteile zerlegt. Erst 17 Jahre später war es gelungen, alle Stücke so zusammenzufügen, dass das Gesamtbild sichtbar wurde. Das Originalschiff liegt in einem Chemikalienbad, sonst würde es zerfallen. Im Museum kann man ein 1:10-Modell der historischen Kogge bewundern.
Während die Eltern weiter die Rettungsboote, Luxuskabinen und das Torpedozielgerät des Kreuzers „Prinz Eugen" aus dem Zweiten Weltkrieg bestaunen, können die Kinder über Kletterschiffe toben oder am Miniport mit ferngesteuerten Schiffen das Steuermannspatent erwerben.

Walfänger und Windjammer

Direkt vor dem Museum liegen ein Walfänger, ein Schnellboot, ein Feuerschiff und ein Bergungsschlepper zur Besichtigung. Außerdem zeigt der Museumshafen das einzig erhaltene Exemplar des berühmten U-Boot-Typs XXI, das zwischen 1943 und 1945 als Neuentwicklung zum Einsatz kam. Alle zwei Jahre ist Bremerhaven übrigens Schauplatz eines grandiosen Windjammertreffens.

Kochtipps für zu Hause

Genug gereist? Bestimmt knurrt inzwischen auch schon der Magen? Dann schlendern Sie zur ehemaligen Packhalle. **Forum Fischbahnhof, am Schaufenster 6**, nennt sich das Gelände, das in einen Actionkomplex mit Gastronomiebereich umgewandelt wurde. Sehen Sie beim Fischräuchern der **Fischräucherei**

Mammutprojekt Havenwelten Bremerhaven

Bremerhavens neues Tourismusresort „Havenwelten Bremerhaven" im Herzen der Stadt und direkt an der Weser, gehört zu den größten Bauprojekten und Investitionen an der Küste. Weit über 450 Millionen Euro investieren Stadt, Land, EU und private Unternehmen in Bremerhavens touristische und damit wirtschaftliche Zukunft. Bis zum Frühjahr 2009 soll das Mega-Projekt mit all seinen Einrichtungen, Atlantic Hotel Sail City, Klimahaus und vielen anderen Attraktionen fertig gestellt sein (Infos: www.havenwelten-bremerhaven.de).

Franke zu [Forum Fischereihafen, 27572 Bremerhaven, Tel. 0471-742 06, www.fischmarkt-bremerhaven.de, Mo-Fr 7-16, Sa 7-12, So 8-12 Uhr].
Die Leckerbissen werden hier noch über offenem Feuer mit Holz und Spänen geräuchert. Gönnen Sie sich eine Portion und holen Sie sich im Seefischkochstudio fachmännische Tipps, wie Sie den Fisch zu Hause auch so gut zubereiten können.
Den süßen Nachtisch gibt's in „Dat Pannkoken-Schip Line Hinsch", wo 40 verschieden belegte Pfannkuchen zur Wahl stehen. Anschließend könnten Sie noch ein wenig durch das „Schaufenster" schlendern und im „Tüpfelchen" Souvenirs einkaufen, im „Wassermann" einen waschechten Friesennerz erstehen oder im „KochGut" mit einem traditionellen Teeservice liebäugeln.

Ab in die Unterwasserwelt

Wenn Sie noch unternehmungslustig sind, dann sei Ihnen nun ein Besuch im Atlanticum, ebenfalls im **Schaufenster Fischereihafen**, empfohlen [Forum Fischereihafen, 27572 Bremerhaven, Tel. 0471-93 23 30, mail@forum-fischbahnhof.de, www.atlanticum.de, tgl. 10-18 Uhr. Erw. € 4,50, Kinder € 2,50]. Das ist ein Meerwasseraquarium der nächsten Generation, eine faszinierende Unterwasserwelt, für die Sie sich auch etwas Zeit nehmen sollten!
Im Spiegelkaleidoskop erleben Sie die Entstehung der Erde und der Ozeane. Im arktischen Raum wandeln Sie auf den Spuren der Meeres- und Polarforscher und entdecken die gewaltigen Naturlandschaften Grönlands und Islands. Dann tauchen Sie ein in die Unterwasserwelt der Nordsee und des Atlantiks bei einem Rundgang durch das Meerwasseraquarium mit Kaltwasserfischen.
Wer Lust hat, kann auch Fischmotive rubbeln, Seemannsknoten schlagen oder ein Modellschiff in den Fischereihafen schleusen. Untergrund ja, aber ohne Wasser?
Dann könnten Sie in der **Phänomenta** eine Reise zum Mittelpunkt der Wärme antreten [Phänomenta, Hoebelstr. 24, 27572 Bremerhaven, Tel. 0471-41 30 81, phaenomenta-bremerhaven@t-online.de, www.phaenomenta-bremerhaven.de, tgl. 10-17 Uhr (April-Okt bis 18 Uhr). Erw. 4 €, Kinder 2 €, Familien: € 10]. Mit einem Fahrstuhl rauschen Sie 5.450 Meter tief in den Dedesdorfer Salzstock unter der Weser. Dort

„Ich packe meinen Koffer ..."

Im Deutschen Auswandererhaus – dem Erlebnismuseum in Bremerhaven – erleben die Besucher die vielen Stationen der Auswanderung: vom Aufbruch im Morgengrauen, die Atlantik-Überfahrt und schließlich der Ankunft in New York. Die Ausstellung zeigt die pesönlichen Lebensgeschichten der Auswander und erzählt, was die Menschen damals bewogen hat ihre Heimat zu verlassen. Im Herzstück des Hauses – der „Gallerie der 7 Millionen" – darf überall gestöbert, ausprobiert und nachgelesen werden.

In der Kids' World können sich die Vier- bis Zehnjährigen ins eigene Abenteuer stürzen. Die jungen „Auswanderer" machen ihre Kapitänsprüfung auf See, werden Goldgräber im Wilden Westen, Schatzsucher und coole Entdecker. Nach Voranmeldung können sich hier auch Geburtstagskinder und -gäste auf eine Reise in eine neue Welt freuen, mit Spielen, Ralleys und reichlich Proviant.

Deutsches Auswandererhaus: *Columbusstr. 65, 27568 Bremerhaven, Tel. 0471-90 22 00, info@dah-bremerhaven.de, www.dah-bremerhaven.de. Nov-Feb tägl. 10-17, März-Okt tägl. 10-18 Uhr, Erw. € 10,50, Kinder (4-14 J.) € 6.*

werden die Grundlagen und die Technik der Geothermienutzung dargestellt und erklärt. In der Experimentierausstellung in der ehemaligen Gewürzhalle gibt es Exponate zu Phänomenen aus Natur und Technik zum Anfassen und Staunen. Jeden zweiten Donnerstag gibt es eine Mitmach-Aktion für Acht- bis Zwölfjährige (nach Anmeldung unter Tel. 0471-41 30 81, € 2,50 pro Person). Immer wieder finden spezielle Workshops für Kinder statt.

Eine Karriere als Leuchtturmwärter

Und – haben Sie sich in Bremerhaven wider Erwarten verliebt? Wollen Ihre Kinder den kuscheligen Eisbären noch einmal „Hallo" sagen? Dann bleiben Sie doch und übernachten – z. B. in einem richtigen Leuchtturm! Im **Leuchtturm Roter Sand** kann man mitten in der freien See in Kojen-Etagenbetten schlafen und auf der Außenbalustrade in luftiger Höhe sonnenbaden [Leuchtturm Roter Sand, Am Alten Hafen 118, 27568 Bremerhaven, Infos: www.roter-sand.de, Buchungen unter: BIS Bremerhaven Touristik → S. 69]. Bei Niedrigwasser erhebt sich der Turm gut 30 Meter über dem Meeresspiegel. Das Ganze beginnt als echtes Abenteuer: Mit einem Bergungsschlepper werden Sie zum Turm gebracht, bekommen ein Verpflegungspaket, eine Notfalleinweisung, steigen eine sechs Meter hohe Leiter hinauf, und schon sind Sie für eine Nacht Leuchtturmwärter. Der Aufenthalt auf dem Turm erfordert eine gute Konstitution und eine Anpassung an das einfache Leben der Leuchtturmwärter unter Verzicht auf den gewohnten Komfort.

Tour 9: Im Land der Fehn, der Aale und der armen Sünderlein

Leer • Papenburg/Detern • Oldenburg

Wo: nördliches Emsland und Landkreis Oldenburg • Wie: mit dem Auto und zu Fuß • Dauer: Ganztagestour • Nicht vergessen: Landkarte, Badesachen

Dieser Ausflug entführt Sie in alte Handelsstädte, in ein modernes Zentrum des Hightech, in ein Märchenland, eine Flusslandschaft und in das Land der Fehn. Nein, mit den Fabelwesen mit Zauberstab und Flügelchen haben diese Fehn nichts zu tun – sie stehen für Moorkolonien und ein hartes Leben. So mancher Moorbauer hätte allerdings zu seiner Zeit eine Fee mit drei Wünschen gut gebrauchen können. „Dem Ersten der Tod, dem Zweiten die Not und dem Dritten das Brot", hieß es damals. Es dauerte drei Generationen, bis man in den Moorgebieten leben konnte.
Die Tour beginnt in Leer, dem „Tor Ostfrieslands". Dann stehen zwei Varianten zur Auswahl: entweder Papenburg mit Meyerwerft plus Märchenwald oder Detern mit Schloss Stickhausen und Badepause im Jümme-See. Beides werden Sie wohl nicht schaffen. Letzte Station ist Oldenburg, die Hauptstadt der Region zwischen Weser und Ems. Wenn möglich, legen Sie den Ausflug auf einen Mittwoch, den Kindertag der Oldenburger Museen. Und noch ein Tipp: Wer die Meyerwerft besichtigen möchte, sollte sich frühzeitig anmelden!

Eis essen in roten Backsteinfassaden

Start der Tour ist die pittoreske Stadt **Leer** [Tourist-Information, Ledastr. 10, 26789 Leer, Tel. 0491-91 96 96 70, touristik@leer.de, www.stadt-leer.de].
Ihre roten Backsteinfassaden im Stil des niederländischen Frühbarocks zeugen vom Wohlstand einer Kaufmannsstadt. Leer ist neben Emden noch heute eine der bedeutendsten Industrie- und Handelsstädte Ostfrieslands.
Ein Stadtbummel beginnt am Bahnhof, wo Sie auch den Wagen abstellen können. Spazieren Sie durch die Fußgängerzone in der Mühlenstraße, beim „Venezia" gibt's ein Eis auf die Hand. Links gelangen Sie zum Hafenbecken, wo Jachten träge vor sich hin schaukeln. Gleich haben Sie den Uferplatz mit dem wuchtigen Rathaus erreicht. Das Waagegebäude davor zählt zu den schönsten Bauten des barocken Klassizismus in Ostfriesland. Von 1530 bis 1865 besaß die reformierte Kirche Leers das Waagemonopol für alle Handelsgüter. Heute können Sie sich im Spitzenrestaurant „Zur Waage und Börse" etwas Gutes gönnen.

Wo gute Tropfen ruhen

Wenn Sie sich an dem hübschen Platz satt gesehen haben, biegen Sie in die Rathausstraße. Bestimmt fällt Ihnen gleich das Zuckerbäckerhäuschen mit den Schnörkeln ins Auge. Ausgerechnet in der Hochburg der Teetrinker liegt mit

über 1.000 Weinsorten und feinen Spirituosen einer der größten Weinkeller Deutschlands. 2003 wurde Wein-Wolff als Weinfachhändler des Jahres ausgezeichnet.
Zu Beginn des 17. Jahrhunderts stellten Kellermeister fest, dass die Stadt Leer auf einer Sandlinse gebaut war, die unterirdischen Gemäuern Trockenheit und gleich bleibende Temperaturen gewährleistete. Deshalb lagern in Katakomben um das barocke Haus Samson viele gute Tropfen, die man in der **Weinhandlung Wolff** kosten und kaufen kann [I.W.Wolff, Rathausstr. 16-18, 26789 Leer, Tel. 0491-92 52 30, info@wein-wolff.de, www.wein-wolff.de].

Häuptlingsresidenz

Auch Häuptling Joest Hane dürfte schon in den Genuss des Weins gekommen sein, seine schöne Burg jedenfalls entstand 1621. Sie erreichen sie über die Kirch- und Süderkreuzstraße, den Platz Große Bleiche und die Haneburgallee – und erblicken eine der wenigen noch erhaltenen Renaissanceburgen Ostfrieslands. Heute ist darin die Volkshochschule untergebracht. Große Bleiche? Dieser Name erinnert an die niederländischen Mennoniten, die im 16. Jahrhundert zum Ausbau der Leinenweberei in Leer beitrugen. Auf diesem Platz breiteten sie ihr Linnen zum Bleichen aus.
Suchen Sie nun einen Tipp fürs Mittagessen? Dann sei Ihnen in der Viehmarktstadt Leer zum Abschluss das **Steakhaus Jadera** in der Mühlenstraße empfohlen, als Abwechslung zum Fisch gibt's dann mal lecker Fleisch [Reservierung unter Tel. 0491 -613 39 oder E-Mail: info@jadera.de]!

Geschmackvoll saniert: Leers Altstadt

Ostfrieslands Amsterdam

Zunächst die **Papenburg**-Variante: Das idyllische Städtchen im Emsland ist die älteste Fehnkolonie Deutschlands.
40 Kilometer Grachten mit blumengeschmückten Klapp- und Drehbrücken geben Papenburg das typische Aussehen. Schlendern Sie zu den Kanälen am Rathaus. Dort liegen fünf nachgebaute Papenburger Schiffe vor Anker. In der „Friederike von Papenburg“ gegenüber dem Rathaus hat sich die **Touristen-Information** eingerichtet [im Papenburger Zeitspeicher, Ölmühlenweg 21, 26871 Papenburg, Tel. 04961-83 96-0, info@papenburg-tourismus.de, www.papenburg-tourismus.de].

Das Leben im Moor

Dann treten Sie ein in das beschwerliche Leben der früheren Fehnkolonie, dokumentiert in der **Freiluftmuseumsanlage Von-Velen** [Fehnstraße 21, 26871 Papenburg, Tel. 04961-822 21. Di-So 15-17 Uhr. Erw. € 2, Kinder € 1]. Wenn man sich die alten Fehnhäuser, Moorkaten, Brücken, Verlaatschleusen und Torfschiffe so betrachtet, fühlt man sich in die Zeit der Moorarbeiter zurückversetzt. Bis ins 19. Jahrhundert. waren die Fehn die Straßen dieser Ortschaften und dienten der Entwässerung der feuchten Gegend. Die Abtorfung des Moores war lange Zeit der wichtigste Wirtschaftszweig der Kolonien.

Ozeanriesen unter der Lupe

Papenburg war früher ein bedeutender Hafenort. Noch heute bestimmt der Schiffbau das Leben vieler Papenburger: In der **Meyerwerft**, mit einem der größten Baudocks der Welt, bauen über etwa 2.500 Beschäftigte an gewaltigen Ozeanriesen und Kreuzfahrtschiffen. Wenn sich eine dieser Superfähren durch die schmale Fahrrinne der Ems schiebt, ist das jedes Mal ein Ereignis. Die Werfthalle können Sie besichtigen: Sie stehen auf einer Aussichtsplattform und schauen in den Querschnitt des Riesenschiffs. Wie Ameisen tummeln sich die Werftarbeiter im Bauch des Stahlungetüms [Meyerwerft, Industriegebiet Süd, 26855 Papenburg, Tel. 04961-810, info@mayerwerft.de, www.meyer-werft.de. Besichtigungen sind nur nach vorheriger Anmeldung bei der Papenburg Tourist Information möglich (→ S. 75)].

Wenn ein Luxusschiff die Werft verlässt, säumen Tausende die Ufer der Ems

Schneewittchen sehen und Sommerrodelbahn fahren

Auch für Ihre Kinder ist nun Zeit für eine Märchenstunde. Fahren Sie weiter nach **Surwold** ins **Märchenland**, wenige Kilometer südlich von Papenburg [Erholungsgebiet Surwolds Märchenland, Surwolds Wald, 26903 Surwold, Tel. 04965-913 90, info@surwold.de, www.surwold.de. Mai-Sept tgl. 10-18 Uhr. Erw. € 1,50, Kinder € 1].

Auf der Sonnenterrasse des dortigen Café-Restaurants Waldhotel können Sie erst einmal Kräfte sammeln für Ihren Ausflug in die Traumwelt. Schneewittchen, Dornröschen – gebannt werden Ihre Kinder den Erzählungen bekannter Märchen lauschen, die von beweglichen Puppen vorgeführt werden. Anschließend lockt die 300 Meter lange Sommerrodelbahn auf dem Abenteuerspielplatz.

Wer mag, kann sich auch in dem Kletterwald auspowern, den es seit 2007 gibt. Ausgetobt? Dann kann die Reise nun in die alte Residenzstadt Oldenburg weitergehen.

Miese Zeiten für arme Sünder

Wer sich in Leer für die zweite Variante entschieden hat, fährt bis nach **Detern** inmitten grüner Weiden in der Samtgemeinde Jümme [Fremdenverkehrsverein Detern, Alte Hafenstr. 6, 26847 Detern/Ostfriesland, Tel. 04957-711, info@detern.de, www.detern.de].

Gleich hinter Deterns Klappbrücke über den Jümme-Fluss lugt auch schon der stolze viergeschossige **Burgturm von Stickhausen** hervor. Zum Schutz vor Piraten errichteten Hamburger Kaufleute um 1435 die Burg, die dann die sagenumwobene Behausung bedeutender Häuptlingsfamilien war und 1744 vom Alten Fritz bis auf den Turm geschliffen wurde. Dieser dient heute als Museum mit Aussichtsgalerie, Folterkammer und Arrestzelle, voll gepackt mit Horrorutensilien [Museum Burg Stickhausen, Burgstr., 26847 Detern-Stickhausen, Tel. 04957-707. Mai-Sept Di-Sa 10-11, 14-16, So u. feiertags 14-18 Uhr. Erw. € 1.50, Kinder € 1]. Vom Streckbett für arme Sünderlein bis zum Schwert. Wie viele markerschütternde Schreie mögen durch diesen Turm gegangen sein ... Wer leicht Albträume bekommt, sollte sich die Besichtigung besser sparen und lieber einen Blick auf die Vogeleiersammlung werfen. Eier von 250 Vogelarten sind zu begutachten!

Eine kleine Erfrischung

Nach so viel Schauerlichem ein bisschen Abkühlung? Zum Jümme-See am Stadtrand ist es nur ein Katzensprung. Die schmale Straße „Zum See“ führt Sie hin: breiter Strand, Badebuchten, waldumsäumte Ufer, wo man Aal, Barsch, Zander und Hecht angeln kann. Für hungrige Wasserratten gibt's einen Imbiss und ein Café-Restaurant.

Wer sich ein wenig umsehen möchte, kann sich ein Fahrrad leihen und zur **Pünte**, der letzten handbetriebenen Flussfähre Deutschlands radeln (→ S. 96). Von Detern fahren Sie dann weiter Richtung Apen. Kornfelder leuchten zwischen grünen Knicks, saftige Wiesen säumen den Fluss. Weithin sichtbares Wahrzeichen von Apen ist der Glockenturm der Dorfkirche mit einer aus Eiche geschnitzten Kanzel.

„Oktoberfest“ in Oldenburg

Ende September/Anfang Oktober herrscht auf dem Gelände an der Weser-Ems-Halle zehn Tage lang Volksfeststimmung mit Tanz- und Bierzelten, 250 Buden, Fahrgeschäften von der Achter- über die Geisterbahn bis zur Schiffschaukel und zum Autoskooter. 1,5 Mio. Besucher vergnügen sich jedes Jahr auf dem Kramermarkt, der auf Platz 5 der größten deutschen Märkte rangiert (Infos: Touristenbüro → unten)

Shoppen, schwimmen oder Schloss besichtigen?

Nun nähern Sie sich der letzten Station der Tour: **Oldenburg** [Tourist-Information Oldenburg, Kleine Kirchenstr. 10, 26122 Oldenburg, Tel. 0441-36 16 13 66, info@oldenburg-tourist.de, www.oldenburg-tourist.de]. Die alte Residenz- und moderne Unistadt entstand

Prachtvoll erhebt sich das Oldenburger Schloss im Herzen der Stadt

aus einer mittelalterlichen Siedlung in der Nähe der „Alten Burg“ der Grafen von Oldenburg.
Wer hat nach einem langen Tag noch Lust auf einen Stadtrundgang? Auf die Besichtigung des ockerfarbenen Oldenburger Schlosses, 1604 an der Stelle der „Olden Bruch“ im Renaissancestil erbaut? Das Schloss beherbergt das **Landesmuseum für Kunst- und Kulturgeschichte**, eine Gemäldegalerie und seit 2004 eine Ausstellung zum Thema Kunstgewerbe [Damm 1, 26135 Oldenburg, Tel. 0441-220 73 00, Poststelle@Lamu-ol.Niedersachsen.de, www.landesmuseum-oldenburg.niedersachsen.de. Di, Mi, Fr 9-17, Do 9-20, Sa u. So 10-17 Uhr. € 3 für das Schloss und das Prinzenpalais und Augusteum, Führung in der Woche: € 30 zzgl. € 1,50 pro Person, am Wochenende € 40 zzgl. € 1,50 pro Person]. Vielleicht können Sie Ihre Kinder ja mit einem Stück Oldenburger Torfsoden oder Schokokuchen aus der Konditorei Leutbecher zum Museumsbesuch bestechen ...
Wem ist nach einem Shopping-Bummel durch die Fußgängerzone? Umgeben von restaurierten Wallanlagen breitet sich im Herzen der Altstadt die älteste Fußgängerzone Deutschlands aus. Oldenburg zieht viele Besucher sogar aus Holland an, da in der weitgehend autofreien Innenstadt sehr viele nette Boutiquen und Läden zu entdecken sind. Wer keine Lust mehr auf Shopping hat, geht ins Erlebnisbad **OLantis Huntebad** planschen [Am Schlossgarten 15, 26122 Oldenburg, Tel. 0441-235 28 67, info@olantis-bad.de, www.olantis.com. Mo-Fr 6.30-21, Sa 6.30-20, So, feiertags 8-20 Uhr. 2 Std.: Erw. € 4, Kinder € 3,30, Familien € 14]. Besonders abenteuerlich ist die 80 Meter lange „Black Hole“ Rutsche. Eine Stroboskopanlage, kombiniert mit einer Wassernebelanlage, erzeugt mit Blitzen eine Atmosphäre, die dem Rutscher die Orientierung raubt. Für die Kleineren gibt's eine Familienriesenrutsche. Durch die gläserne Rutschenröhre hat man fantastische Sicht über das Bad. Ist die ganze Familie noch richtig fit, könnte man eine Stadttour per Rad in Betracht ziehen. Die müsste man vorher im Touristenbüro buchen (→ S. 77, Kosten je nach Gruppengröße). Auf einem kleinen Rundgang durch die Stadt sehen Sie in der Langen Straße reich geschmückte Häuser aus dem 17. Jahrhundert, das Rathaus aus dem späten 19. Jahrhundert und daneben eine der wenigen Rundkirchen Deutschlands, die Lambertikirche. Zur Vorweihnachtszeit findet hier der Lambertimarkt statt mit Spielwaren, Weihnachtsdeko und Kunsthandwerk.

Emslandlager-Geschichte

In einer Dauerausstellung zeigt das Dokumentations- und Informationszentrum Emslandlager (DIZ) die Geschichte der 15 Emslandlager – von den Nazis errichtete Konzentrations-, Straf- und Kriegsgefangenenlager.
***DIZ:** Wiek rechts 22, 26871 Papenburg, Tel. 04961-91 63 06, mail@diz-emslandlager.de, www.diz-emslandlager.de, Di-Fr u. So 10-17 Uhr. Erw. € 2, Kinder € 1.*

Tour 10: Radfahren am „Endje van de Wereld“

Jemgum • Hatzum • Ditzumerverlaat • Pogum • Ditzum

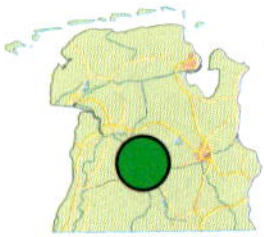

Wo: Rheiderland • Wie: mit dem Fahrrad • Dauer: je nach Pausen Halb- bis Ganztagestour • Nicht vergessen: Dollard-Routen-Radwanderkarte, Picknickkorb, Decke, für alle Fälle Sonnenschutzmittel, Friesennerz, Pudelmütze, Badesachen, Ausweispapiere

Friedliche Stimmung am Dollart. Ab und zu zwitschert ein Vogel. Kleine Wellen blubbern vor sich hin. Die Sonnenstrahlen spiegeln sich in der glatten Wasseroberfläche. Doch die Ruhe trügt. Bei Nordweststurm gleicht diese Gegend einem Hexenkessel. Fluten schlagen über die Salzwiesen hinweg und nagen am Deichsaum.

Heute halten die Deiche den Brechern stand – meistens. Doch das war nicht immer so. Es gab Sturmfluten, die ganze Dörfer verschlungen haben. Trotz der verstärkten Schutzmaßnahmen aber haben sich die Bewohner des abgelegenen Rheiderlandes ihren Respekt vor dem Wasser bewahrt.

Wo sich Fuchs und Hase gute Nacht sagen

Die Menschen hier sind stolz auf ihre Abgeschiedenheit. „Endje van de Wereld“, „Ende der Welt“, nennen sie ihre Gegend: hinter sich die Marsch, vor sich Ems und Dollart, ein einmaliges Naturschutzgebiet und Teil der letzten Brackwasser-Gezeitenlandschaft Europas. Es ist eine Landschaft ohne Stress und Hektik, dafür mit schmucken Siel- und Warfendörfern wie Jemgum, Pogum und Ditzum.

Siel bedeutet, dass das Land hier unter dem Meeresspiegel liegt und das Wasser zuerst in ein großes Siel, und dann bei Ebbe in den Dollart fließt. Eine Warft ist ein aufgeworfener Hügel auf dem ein Haus oder mehrere Häuser gebaut wurden, um sie vor den Fluten zu schützen.

Tierwelt am Dollart

Wegen seines Nahrungsreichtums ist der Dollart ein beliebter Rast- und Nahrungsplatz der Vogelwelt. Für Rotschenkel, Löffelenten und Brachvögel sind die Salzwiesen im Sommer Brutrevier. Auch der Säbelschnäbler ist auf diesen Lebensraum angewiesen. Im Schutz bietenden Schilf sind die Rohrammer, das Blaukehlchen und der kleine Teichrohrsänger zu Hause. Hoch in der Luft kreisen Bussarde, Rohr- und Kornweihen. Der Dollart ist aber auch wegen seiner reichen Flora bekannt: Besonders schön blüht im Spätsommer die hohe Seeaster, die riesige Flächen in ein sattes Lila taucht.

Tour für Tretfaule

Ein Stück dieses Gebietes können Sie auf dieser Tour erradeln. Kein schweißtreibendes Bergauf, keine atemberaubenden Abfahrten, es geht fast immer schnurstracks geradeaus über plattes, dünn besiedeltes Land. Die Tour folgt einem Stück der vor Ort ausgeschilderten Dollard-Fahrrad-Route. Und wenn Sie mögen, können Sie am Schluss in Ditzum mit der kleinen Fähre in 1,5 Stunden zum niederländischen Delfzijl übersetzen und den Tag im Abenteuerpark Aquariom ausklingen lassen, in dem Sie auch übernachten können.

Herzöglicher Besuch

Der Himmel ist tiefblau, geschmückt mit ein paar Schäfchenwolken, von Westen weht ein milder Wind? Genau das richtige Wetter für die Rundradtour, die in **Jemgum** beginnt [Verkehrsbüro Jemgum Hofstraße 2, 26844 Jemgum, Tel. 04958-91 81 16, gemeinde.jemgum@t-online.de, www.jemgum.de]. „Moin, moin", hoffentlich haben Sie vor der Anreise den landesüblichen Gruß geübt – für den Fall, dass Ihnen unterwegs ein freundlicher Ostfriese über den Weg läuft, z. B. Manfred Greving. Wer kein Fahrrad dabeihat, kann sich bei ihm in der Tankstelle Greving einen **Drahtesel ausleihen** [Manfred Greving, Hofstr. 8, 26844 Jemgum, Tel. 04958-91 20 05]. Wenn Sie mit kleinen Kindern unterwegs sind, sollten Sie sich einen Kindersitz mitnehmen, denn ein Anhänger gerät auf den teilweise unebenen Wegen leicht ins Rumpeln. Vielleicht legen Sie danach noch einen Besuch in der Bäckerei in der Hofstraße ein und versorgen sich mit leckerem Proviant für ein Picknick unterwegs, dann kann es losgehen. Seit Urzeiten führt die Hofstraße als Hauptstraße durch den malerischen Emsort. Diese radeln Sie entlang, dann vorbei am Albahaus in der Langen Straße Nr. 17. Das Haus (erbaut 1567) ist nach dem Statthalter der Niederlande, dem spanischen Herzog Alba, benannt, der 1568 in der Schlacht bei Jemgum die niederländischen Freiheitskämpfer und den Grafen von Nassau besiegte. Müde von seiner Heldentat soll er hier genächtigt haben. Weiter geht die Fahrt an der Kirche St. Johannes Baptist und an einer kopflosen Mühle vorbei, dann erreichen Sie die Deichstraße.

Groß und Klein frönen in Ostfriesland dem Fahrradsport

Die einzige Ziegelei Ostfrieslands

Wenn Sie durch das Deichtor blicken, entdecken Sie auf der linken Seite das Gelände der Ziegelei Reins – unübersehbar, auf ihrem Hof stapeln sich die roten Klinker. Ziegeleien nahmen eine große Bedeutung in der regionalen Wirtschaft ein, 70 von ihnen produzierten 1843 in Ostfriesland. Die tonhaltige Erde wurde im Freien in hölzerne Formen gepresst, getrocknet und dann in Feldbrandöfen gebrannt. Mit der Entstehung der Fehndörfer im 18. Jahrhundert boomte das Geschäft. Allein das Rheiderland verfügte über 30 Ziegeleien. Der Standort an der Ems war günstig, denn es gab große Tonlager und die Ziegel konnten gleich über den Fluss verschifft werden. Heute existiert nur noch die Ziegelei Reins, die nach der traditionellen Art arbeitet, leider kann man sie nicht besichtigen.

Platz machen für die „Deichbeamten“

Weiter geht's entlang der Deichstraße die Ems flussabwärts. Nächste Station ist Hatzum. Sie folgen der Ems Richtung Meer und radeln durch das weite, flache Land entlang der Deiche. Hoher Him-

Ausgangspunkt der Radtour ist das idyllische Dorf Jemgum

mel, saftige Wiesen, blökende Wegbegleiter: Ab und zu müssen Sie absteigen und einer Herde Schafe Platz machen. Die kuscheligen „Deichbeamten“ sind nicht zu ihrem Vergnügen hier, sie arbeiten! Deichgras abweiden und mit ihren Klauen die Erde festtrampeln – das sind ihre Aufgaben. Fahren Sie bereits an ersten Häusern vorbei? Die gehören zu dem kleinen Dorf Midlum, kurz darauf spitzen Ihnen die roten Dächer des kreisrunden Warfdorfes Critzum entgegen. Immer weiter geht die Route an der Ems entlang. Wenn nun ein drittes Mal eine Häusergruppe auftaucht, dann haben Sie **Hatzum** erreicht und 7,2 Kilometer hinter sich gebracht. Hatzum ist eine uralte Siedlung: Eine Grabung ergab, dass dieser Ort seit dem fünften Jahrhundert besiedelt ist.

Unter dem Meeresspiegel

Nun führt der ausgeschilderte Weg durch den Ort. Ab und an holpert es ein wenig auf dem Kopfsteinpflaster. Aber gleich radelt es sich wieder leichter: Von Hatzum fahren Sie nun auf bequemen, ebenen Wegen (ausgeschildert) weiter quer durch das Land bis **Ditzumerverlaat**. Das Wort „Verlaat“ bezeichnet eine Sielanlage, die dazu dient, dass das zur Fahrrinnenspülung notwendige Meerwasser nicht zu weit ins Binnenland gelangt. Durch dieses Verlaat floss das Wasser aus dem Wynhamster Kolk in den Dollart. Die Fischerei war hier früher ein wichtiger Erwerbszweig. Von Ditzumerverlaat biegen Sie nach rechts in den Fahrradweg (ausgeschildert). Nach 3,4 Kilometern geht es beim Hinweisschild „Wynhamsterkolk“ erneut rechts zu einer schön restaurierten Wasserschöpfmühle, einem Erdholländer aus dem Jahre 1804, der alles überragt. „Ist die aber mächtig“, werden Ihre Kinder beeindruckt ausrufen. Noch bis in die 1950er-Jahre hinein entwässerte sie das tief gelegene Land ringsum. Sie befinden sich an dieser Stelle übrigens 2,5 Meter unter dem Meeresspiegel. Eine herbe Schönheit zeichnet die Landschaft aus. Sehen die grünen Wiesen hier nicht verlockend aus? Die gelben Blüten des Löwenzahns dazwischen leuchten wie mit einem Pinsel getupft. Heute ein Blumenmeer, morgen Pusteblumen. Die Stelle ist wie gemacht für ein Picknick! Die Räder geparkt, die Decke ausgebreitet, die Leckereien ausgepackt. Wetten, dass es Ihnen schon lange nicht mehr so gut geschmeckt hat? Kleine Verdauungspause. Mit einem Grashalm im Mund auf der Wiese liegen, in die Sonne blinzeln, den fliehenden Wolken nachsehen ...

Weiße Wolkenberge, grüne Wiesen

Haben Sie sich wieder gut erholt? Wer schon etwas müde vom Treten ist, kann an dieser Stelle umkehren, überquert dann rechts das Coldeborger Sieltief und radelt über Marienchor nach Jemgum zurück. Der Weg ist gar nicht zu verfehlen. Wer noch genug Puste hat, folgt weiter der ausgeschilderten Dollard-Route Richtung Dyksterhusen. Kurz vorher biegt ein kurzer befahrbarer Weg ab zur Küste und zu einer ehemaligen Erdgas-Bohrplattform. Von dort haben Sie eine tolle Aussicht – und blicken auf den Dollart in seinem ganzen Umfang. Der Zipfel auf der gegenüberliegenden Seite ist Punt van Reide in den Niederlanden.

Im Naturschutzgebiet des Dollarts finden viele Vögel ein Refugium

Nun folgt der Endspurt: Sie radeln gut fünf Kilometer schnurstracks weiter geradeaus. Die Welt besteht aus Wolkenbergen und grünen Wiesen: „Dat Endje van de Wereld".

Ein Atlantis der Nordsee

Das vorletzte Etappenziel ist **Pogum**, an der Landspitze zwischen Ems und Dollart gelegen. Nach der Sturmflut von 1962 mussten einige Häuser dem neuen Deich weichen, sodass nur noch die Gebäude um die Kirche herum den Charakter eines harmonisch gewachsenen Ortskerns vermitteln. Hobbyarchäologen aufgepasst: Irgendwo zwischen Pogum und Emden soll Torum gelegen haben. Torum, so heißt es, war ein wohlhabender Ort mit einem Münzmeister und acht Gold- und Silberschmieden. Irgendwann verschwand er einfach von der Landkarte, wurde wie das sagenumwobene Atlantis vom Meer verschluckt. Noch heute erzählen Einheimische, dass sie in stürmischen Nächten die Glocken von Torum läuten hören.

Die Familie lebt vom Fischen

Von Pogum sind es nun noch zwei Kilometer bis nach **Ditzum** [Verkehrsbüro Ditzum, Am Hafen 1, 26844, Jemgum-Ditzum, Tel. 04902-91 20 00, ditzum@t-online.de, www.ditzum-touristik.de]. Der beschauliche Fischerort mit Seeromantik liegt an der Mündung der Ems in den Dollart und ist einer der letzten funktionsfähigen Sielhäfen der deutschen Nordseeküste. Einige Familien leben noch ausschließlich von der Fischerei. Stellen Sie die Drahtesel ab und schlendern Sie durch den kleinen Ort. In den letzten Jahren wurde heftig an der Dorfverschönerung gearbeitet. So säumen aufwendig renovierte Häuschen die mit rotem Klinker gepflasterten Straßen. Auch die hochwassersichere Hafenmauer, wurde rundherum mit roten Ziegelsteinen verblendet. Im Hafen liegen Krabbenkutter, Netze hängen zum Trocknen an den Masten, den Hafenrand säumen alte, von Seepocken übersäte Anker. Am Hafenbecken sticht die **Bootswerft Bültjer** ins Auge. Sie ist die letzte in Deutschland, in der heute noch Holzschiffe nach alter Seemannsart gefertigt und restauriert werden [Bootswerft Bültjer, Am Hafen 2, 26844 Ditzum/Ems, Tel. 04902-929 00, info@bueltjerwerft.de, www.bueltjerwerft.de, Besichtigungen bitte vorher telefonisch anmelden].

DIE TOLLSTEN ATTRAKTIONEN FÜR KINDER

Mit der Museumsbahn zum Schlosspark Lütetsburg

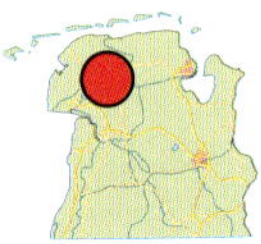

Haben Sie Lust auf eine Reise in die Vergangenheit? Sie beginnt am Nordener Bahnhof, emsig setzt sich die kleine Museumseisenbahn in Bewegung, Endhaltestelle ist Dornum, Zwischenstopp Hage. Und eben dort wartet auf Sie eine der schönsten Schlossanlagen Norddeutschlands: das Schloss Lütetsburg. Herrlich ist der 30 Hektar große Park zum Lustwandeln, Spazierengehen, Entenfüttern – ein wahrer Traum im Frühling und Frühsommer, wenn Narzissen und Rhododendren in voller Blüte stehen. Im Schlosscafé am Eingang besorgen Sie sich am besten gleich das Faltblatt mit dem Parkplan. Dann schlendern Sie durch eine 200 Meter lange, herrliche Kastanienallee, über kleine Hügel, unter uralten Bäumen hindurch, vorbei an verträumten Pavillons. Verschlungene Wasserläufe kreuzen die Wege, durchfließen stille Teiche mit verwunschenen Inselchen. Hier und da schwimmt eine Entenfamilie vorbei. Das Wasserschloss selbst ist in Privatbesitz und leider nicht zu besichtigen. Es gehört seit 1581 der Familie zu Kniphausen, die im 16. Jahrhundert in die Manninga-Häuptlingsdynastie einheiratete. Zu jener Zeit residierte Häuptling Unico Manninga in diesen Mauern. 1897 wurde das Schloss durch einen Brand fast völlig zerstört und erst ab 1956 nach alten Zeichnungen wieder rekonstruiert. Die Renaissance-Vorburg mit dem zierlichen Turmaufsatz geht noch auf das 16. Jahrhundert zurück. Der Schlosspark entstand am Anfang des 18. Jahrhunderts zunächst in streng stilisiertem Barock. Seine heutige Form als englischer Landschaftsgarten mit naturnaher Gestaltung erhielt er erst 1790 durch den Oldenburger Hofgärtner Carl Ferdinand Bosse. Im mittleren Teil des Parkes entstand eine der höchsten Erhebungen Ostfrieslands, der sogenannte Unico-Hügel, nach dem Ahnherren Unico Manninga benannt, der einen Ausblick über den gesammten Park und bei klarem Wetter bis zum Meer hin bot.

Museumseisenbahn „Küstenbahn Ostfriesland e.V.": *Postfach 100246, 26492 Norden, Tel. 04931-16 90 30 (ab 18 Uhr), info@mkoev.de, www.mkoev.de. Juni-Mitte Okt ab Nordener Bahnhof: So 10.25, 12.25, 14.25, 16.25 Uhr, ab Hage jeweils 15 Minuten später. Rückfahrt von Dornum: 11.30, 13.30, 15.30, 17.30 Uhr (Abfahrt von Hage jeweils 45 Min. später).*

Schloss Lütetsburg: *Landstr. 55, 26524 Lütetsburg, Infos und Führungen buchbar unter Tel. 04931-42 54, tidozk@aol.com, www.schloss-luetetsburg.de. Öffnungszeiten des Parks: Mai-Okt tgl. 8-21, Nov-April tgl. 8-17 Uhr. Pro Person € 1, Das Schloss liegt in Hage, sechs Kilometer von Norden entfernt an der Straße nach Hage.*

Peterchens Mondfahrt auf moderne Art

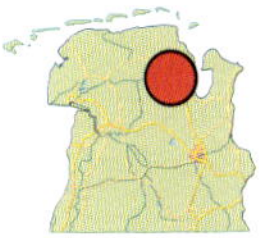

Wollten Sie sich schon immer mal wie ein Riese fühlen? Einem Dinosaurier „Guten Tag" sagen oder so richtig durchgeschüttelt werden? Dann sollten Sie einen Ausflug ins Lütge Land einplanen. Zuerst der gemütliche Teil: Steigen Sie ein in die Eisenbahn, die gemächlich durch den 25.000 Quadratmeter großen Freizeitpark rattert. Hier wurden 40 originalgetreue Modelle bekannter Burgen, Schlösser, historischer Bauwerke im Maßstab von 1:25 aufgebaut. Schlendern Sie durch ein Minideutschland, vorbei an Fachwerkhäuschen, die den Kindern gerademal bis zur Schulter reichen. Dann kann's auch gleich weitergehen in den Jurassic Park der Nordsee. Nachbildungen von Dinosauriern versetzen Sie in längst vergangene Zeiten. Im Freizeit- und Erlebnisbereich können sich die Kinder dann nach Herzenslust austoben: Karussells, Rutschen, Trampoline stehen für die Minis bereit. Für die Älteren gibt's Elektroboote und -motorräder sowie einen Spielplatz mit Raupenbahn und Ufoskooter. Der Nautic-Jet bietet Nervenkitzel für die Großen: In einem Boot saust man von einer Wasserrutsche, fliegt in die Luft und landet am Ende mit einem Hechtsprung im Wasser. Oder der Luna-Loop: Das Ding schlägt waghalsige Salti vor und zurück: Peterchens Mondfahrt im 21. Jahrhundert ... Wenn Sie genug durchgeschaukelt wurden, warten im Streichelzoo hoppelnde Häschen, mähende Schafe und meckernde Zwergziegen auf Zuwendung. Zwischendurch können Sie sich mit einem Mega-Eisbecher oder einem Doppeldeckerpfannkuchen auf der Café-Terrasse verwöhnen.

Freizeitpark Lütge Land: *Friesenkamp 5, 26409 Wittmund-Altfunnixsiel, Tel. 04464-94 21 74, info@luetge-land.de, www.luetge-land.de. April-9. Sept tgl. 9-19, 11. Sept-28. Okt Di-Do, Sa, So 10-18 Uhr. Erw. € 8,50, Kinder € 7,50. Das Lütge Land liegt an der B 461 zwischen Wittmund und Carolinensiel.*

Nervennahrung nach dem Nautic-Jet

Ausflug nach Helgoland

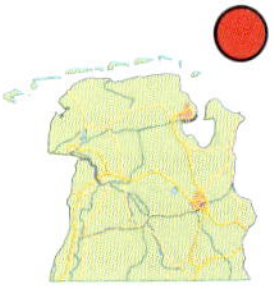

Wenn man auf Helgoland zufährt, fallen schon von Weitem die leuchtend-roten Felsen ins Auge: Markant sticht links die „Lange Anna" hervor, das Wahrzeichen der einzigen deutschen Hochseeinsel, die 65 Kilometer vor Cuxhaven im Meer liegt. Ein Abstecher nach Helgoland ist immer wieder ein besonderes Erlebnis. Das Abenteuer beginnt schon mit der Ankunft, wenn es heißt: „Ausbooten und rein in die schaukelnden Börteboote." Helgolands Hafen ist zu klein und zu seicht, um die großen Fährschiffe aufzunehmen. Die Fähren nach Helgoland starten Ende April bis Anfang Oktober täglich.

Badespaß auf hoher See

Je nach Wetter gibt es dann zwei Möglichkeiten, Helgoland zu genießen. Ist es warm, sollten sie mit einer der kleinen Inselfähren gleich übersetzen zur vorgelagerten Düne (Der Shuttle von der Insel zur Badedüne verkehrt mehrmals täglich von 8 bis 17 Uhr). Dort erwartet Sie am Nord- oder Südstrand neben viel Ruhe und Platz eine der saubersten Bademeilen der Nordsee. Gymnastik wird von Mitte Juni bis Mitte September kostenlos angeboten. Ab 11 Uhr folgen Spiele für die Kinder.
Auf dem Nordost-Gelände befinden sich eine Freizeit-, Spiel- und Sportanlage und das Freiluftschwimmbad. Im Dünen-Restaurant können Sie sich zwischendurch stärken.

Rot leuchten die Felsen von Helgoland

Inselstreifzug

Bei kühlerem Wetter bietet sich der 3,5 Kilometer lange Inselrundgang an. Er beginnt mit dem Aufstieg zum 30 Meter hohen Oberland über Treppen oder via Fahrstuhl. Gleich am Lift marschieren Sie rechts auf dem Klippenrundweg zur **Vogelwarte**. 20.000 Zugvögel werden hier jährlich gefangen, untersucht und mit einem Ring versehen, um ihre Wege verfolgen zu können.
Weiter geht's dann zum Aussichtspunkt der „Langen Anna" an der Nordmole. Das Wahrzeichen Helgolands war einsturzgefährdet und musste aufwendig stabilisiert werden. Wenige Schritte weiter erreichen Sie den Lummenfelsen, einen einzigartigen Nistplatz für Seevögel. Von März bis September drängen sich Tausende von Trottellummen, Basstölpeln und Möwen auf den knappen Felsvorsprüngen. Ein besonderes Schauspiel ist der Lummensprung im Juni und

Juli: „Arr, arr, arr", locken die Alten, und die hungrigen Kleinen stürzen sich mutig 40 Meter in die Tiefe. Im Wasser lernen die Junglummen nun, sich selbst zu versorgen.
Am Leuchtturm vorbei spazieren Sie nun entweder ans Südende des Oberlandes zurück und weiter über die Treppe zum Binnenhafen mit seinen bunten Hummerbuden, in die heute zum Teil Souvenirläden eingezogen sind. Oder Sie bummeln noch ein bisschen durch den Ort – z. B. zu einer der gemütlichen Teestuben oder einem der Lokale. Die Spezialität auf Helgoland ist Hummer. Doch ist diese Delikatesse selten und teuer geworden. So genannte „Knieper", Taschenkrebsscheren, bieten leckeren Ersatz. Gut gestärkt? Dann könnten Sie jetzt noch auf Schnäppchenjagd gehen. Nach wie vor kann man auf Helgoland nämlich zollfrei einkaufen. Oder Sie schlagen zunächst den Lung Wai und dann die Aquariumstraße ein. Dort im Aquarium ist eine herrliche Unterwasserwelt mit der gesamten Fauna und Flora der Nordsee von der Klaffmuschel bis zur Seehundfamilie zu sehen. Seit Juli 2007 hat Helgoland übrigens auch ein beheiztes Meerwasserschwimmbad, das **Mare Frisicum spa Helgoland**.

Helgoland Touristik: *Lung Wai 28 (im Rathaus), 27498 Helgoland, Tel. 04725-81 43-0, info@helgoland.de, www.helgoland.de.*
Reederei Warrings: *Neue Str. 9, 26409 Wittmund/Carolinensiel, Tel. 04464-949 50, info@reederei-warrings.de, www.reederei-warrings.de, ab Bremerhaven u. Wilhelmshaven.*

Mini-Kreuzfahrt mit „Alter Liebe"

Seit der Saison 2000 ist wieder die MS Helgoland „Alte Liebe" unterwegs (Reederei Warrings → unten, ab Bremerhaven-Columbuskaje). Auf diesem Schiff wird die Überfahrt zu einer kleinen Kreuzfahrt: Auf dem großen Sonnendeck können Sie gemütlich in der Sonne liegen, im Restaurant werden Sie mit fangfrischem Fisch verwöhnt, gelegentlich sorgt Zauberer Bodo mit seinem Soloprogramm für gute Laune. Stabilisatoren garantieren eine sanfte Fahrt. Auf der MS Helgoland können Sie auch in klimatisierten Kabinen übernachten oder eine Tageskabine mieten – für Familien mit kleineren Kindern sicher eine gute Alternative.

Reederei Eils: *Bei der Alten Liebe 12, 27472 Cuxhaven, Tel. 04721-350 82 84, info@helgolandreisen.de, www.helgolandreisen.de, ab Cuxhaven.*
Vogelwarte Helgoland: *Postfach 1220, 27494 Helgoland, Tel. 04725-640 20, helgoland@ifv.terramare.de, www.vogelwarte-helgoland.de, Führungen: Di u. Fr 16.30 Uhr, Eintritt frei.*
Mare Frisicum spa Helgoland: *27498 Helgoland, Infos: Helgoland Touristik → links. Im Sommer: Di-Sa 8-20, So 8-16, im Winter: Di-Sa 13-19, So 8-14 Uhr, Tageskarte: Erw. € 8,50, Kinder € 7.*

Affenstarker Freizeitspaß im Jaderberg-Park

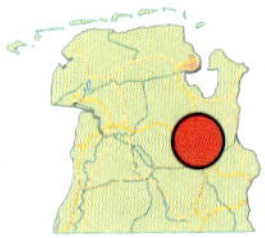

Am Anfang war eine alte, knorrige Linde. In den 1950er-Jahren wurde um diesen Baum herum ein Privatzoo angelegt, der sich rasch zur Nummer Zwei der großen deutschen Zoos gleich nach Hagenbecks Tierpark entwickelte. Doch in den 1980er-Jahren konnte man den neuen Trends und hohen Ansprüchen in der Tierhaltung finanziell nicht mehr gerecht werden. 1995 entwickelte Werner Ludewigt aus Oldenburg daher eine neue Strategie: „Naturnahe Lebensräume" heißt das Konzept des Jaderparks heute: Gitter und Käfige sollen so weit als möglich verschwinden.

Wundern Sie sich also nicht, wenn Sie gleich beim Betreten des Parks von niedlichen Kattas, einer Halbaffenart aus Madagaskar mit großen Augen und fuchsnasigem Gesicht, begrüßt werden. Vielleicht läuft Ihnen auch ein kleiner Kobold mit wilder weißer Haartracht über den Weg. Lisztäffchen heißen diese Tiere, aber Vorsicht: Diese Kobolde können auch zubeißen!

Eis essen mit Blick auf die Flamingo-Lagune

Auf Ihrem Bummel durch den Tierpark passieren Sie bald das Restaurant, bei besagter, heute 250-jähriger Linde gelegen. Hier können Sie später in Ruhe etwas essen und dabei den Chile-Flamingos in ihrer Lagune zusehen. Gegenüber liegt ein Kinderspielplatz. Doch vorher gibt es noch jede Menge zu entdecken: An exotischen Vögeln und Papageien vorbei gelangen Sie zum Löwenkäfig. 20 Stunden Schlaf brauchen die Raubkatzen pro Tag, mit vier Kilogramm Fleisch pro Nase halten sie sich fit. Schaurig-schön finden Ihre Kinder bestimmt auch das Tropenhaus mit den Schlangen, Fischen und Reptilien. Täglich außer freitags können Sie um 12 Uhr bei der Fütterung der gefräßigen Piranhas zuschauen. Oder drehen Sie doch lieber eine Runde mit der Western-Eisenbahn? Sie zuckelt in ein zehn Hektar großes Wiesengelände, wo in den nächsten Jahren ein Gehege mit afrikanischen Steppentieren entstehen soll.

Tierisch gute Entertainer

Tiere zum Anfassen gibt's im Streichelzoo! Alle wie sie da sind, haben nichts dagegen, eine Portion aus der Tüte Tierfutter zu bekommen. Außerdem zu sehen: Riesenkängurus und die Pinguine. Ein Becken haben sie zum Langstrecken-Schwimmen, eines zum Tauchen. Vielleicht kommt auch gerade die Tierpflegerin vorbei. Zwei- bis dreimal am Tag (11 Uhr und 15 Uhr) verspeisen die Pinguine fünf bis sechs Heringe. Auf der Wildwasserbahn können Sie dann 40 Meter in die Tiefe rauschen oder auf der großen Trampolinanlage akrobatische Kunststücke üben. Genug getobt, gestreichelt, gesaust? Dann hereinspaziert und Platz genommen: Sprechende Schweine und singende Gänse – 94 handgefertigte

Puppen, sorgen stündlich in zwei liebevoll gestalteten Theatern für leuchtende Kinderaugen.

Tier-und Freizeitpark Jaderberg:
Tiergartenstr. 69, 26349 Jaderberg, Tel. 04454-91 13 26, info@jaderpark.de, www.jaderpark.de. Alle Parkteile: Anfang März-Ende Okt tgl. 9-18, Tierpark und Spaßpark außerdem Ende Okt-Anfang März Mo-Fr 14-18.30, Sa, So und in den Ferien 10.30-18.30 Uhr. Eintritt inkl. aller Fahrattraktionen: Erw. € 12, Kinder (bis 13 J.) € 10 (im Winter: Erw. € 4, Kinder € 6). Anfahrt über die A 29, Oldenburg-Wilhelmshaven, Abfahrt Jaderberg, kostenloser Parkplatz.

Ganze 20 Stunden schläft „König Sultan" am Tag

Zu Besuch bei Nixentaschen und Seehasen

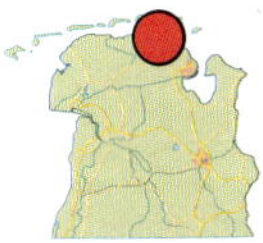

Mal ehrlich. Haben Sie schon mal eine Nixentasche gesehen? Oder einen Seehasen? Eine Pinkelauster vielleicht? Nicht? Dann klärt Sie ein Besuch im Naturkundehaus in Bensersiel auf. In 20 Seewasseraquarien tummeln sich Knurrhähne, Seeanemonen, Taschenkrebse. Kinder dürfen sogar bei ihrer Fütterung helfen. Es ist richtig spannend zu beobachten, wie Knurrhahn und Co aufgeregt an der Scheibe auf und ab schwimmen und auf einen Regenwurm oder eine ähnliche Delikatesse warten. Nach der „Fütterung der Raubtiere" können die Kinder mit dem Mikroskop auf Entdeckungsreise gehen und genau untersuchen, was im Wattenmeer herumwimmelt. Anhand eines Querschnittmodells des Wattbodens wird gezeigt, wie sich die Muscheln und Würmer im Schlick eingerichtet haben. Auf Wattwanderungen lässt sich schließlich nicht alles entdecken.
Vom Boden in die Lüfte: Anhand von jungen Tauben wird die Entwicklung eines Vogels vom Ei bis zum erwachsenen Tier erklärt. Die Taubenküken dürfen vorsichtig gestreichelt und in die Hand genommen werden. Eine weitere Abteilung beschäftigt sich mit Tierpräparaten. Wer weiß schon, wie so etwas ent-

Spannendes Erforschen des Wattenmeeres im Naturkundehaus

steht und haltbar gemacht wird? Hier können Sie einem Präparator bei seiner Arbeit über die Schulter sehen. Im hauseigenen Kräutergarten wachsen im Sommer über 200 Gewürzpflanzen. Sie werden hier zu Fliedersekt, Hustensaft oder Herzwegerichbonbons verarbeitet – wer mag, kann probieren und mithelfen. Ach ja, die Nixentaschen. So nennt man die kissenförmigen Eikapseln des Nagelrochens, die man manchmal am Flutsaum findet. Pinkelauster ist der Spitzname der Sandklaffmuschel. Warum? Aus dem Aquarium geholt, zieht sie sich schnell zusammen und schießt einen feinen Wasserstrahl ab. Und der Seehase, der „hoppelt" durchs Aquarium – unbedingt sehenswert!

Naturkundehaus in Bensersiel:
Seestr. 1, 26427 Bensersiel, Tel. 04971-58 48, info@bensersiel.de, www.bensersiel.de. Di, Mi, Fr 10-12 u. 15-17 Uhr.

Aus dem Leben der Seehunde

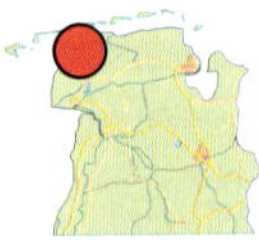

Die Seehunde mit ihren riesigen Kulleraugen sind die Lieblinge der Kinder. Die meisten von Ihnen werden bei Ihrem Aufenthalt an der Küste ein Exemplar zu Gesicht bekommen – spätestens in der Seehundstation Norden-Norddeich, die man besichtigen kann. Für den Besuch sollten Sie sich genügend Zeit nehmen, denn neben den Seehundbecken gibt es auch ein umfangreiches Familien- und Kinderprogramm: „Stranddetektive unterwegs" oder „Muschelnachmittag für Familien" heißen die Veranstaltungen. In den geräumigen Becken lassen sich die Seehunde genau beobachten. Mit großen Kulleraugen sehen sie Sie neugierig an. Die Augen sind nicht nur süß, sondern auch nützlich: Sie haben sich an die Brechungskraft des Wassers angepasst. So sieht der Seehund unter Wasser scharf, taucht er jedoch auf, erkennt er nur noch Bewegungen in weiter Ferne. Seine Barthaare dienen ihm als Tastorgan. Mit ihrer Hilfe befühlt er den Meeresboden nach Plattfischen oder nimmt Fische wahr. Bei seiner Jagd entwickelt er eine faszinierende Wendigkeit. Durch die Unterwasserfenster kann man die eleganten Flitzer gut beobachten: Sie schwimmen bis zu 35 km/h schnell, bis zu 400 Meter tief und können etwa eine halbe Stunde unter Wasser bleiben.

Seehundbabys brauchen Ruhe

„Und wann kommen die Babys?“, wollen Ihre Kinder sicher wissen. Die Geburtszeit im Wattenmeer liegt bei Ende Juni/Anfang Juli. Jedes Muttertier bringt meist nur ein Junges zur Welt. Für die Geburt und „Nestpflege“ braucht es ruhige Sandbänke, wo es das Kleine vier bis sechs Wochen lang ungestört säugen kann. Erst dann ist das Baby kräftig genug, sich im Wasser auf dem Rücken der Mutter längere Zeit festhalten zu können. Ohne diese Schonzeit haben die Jungtiere einen schlechten Start: Sie bekommen zu wenig Muttermilch, werden schwach, erkranken leicht oder werden abgetrieben. Es kann sogar passieren, dass Seehunde bei einer Störung panikartig ins Wasser flüchten und ein Junges dabei den Anschluss an seine Mutter verliert. Daher: immer einen Abstand von mehreren hundert Metern zu den Seehundbänken einhalten! Wenn Sie einmal einen allein liegenden jungen Seehund finden, heißt das aber noch lange nicht, dass er seine Mutter verloren hat. Fassen Sie den Seehund auf keinen Fall an. Entfernen Sie sich schnell, halten Sie weiten Abstand und andere Menschen und Hunde fern von dem Tier und benachrichtgen Sie die Polizei oder eine Seehundstation. Die entscheiden dann, ob das Tier wirklich Hilfe braucht.

Seehundaufzucht- und Forschungsstation Wellenpark: *Dörper Weg 22, 26506 Norden-Norddeich, Tel. 04931-89 19, info@seehundstation-norddeich.de, www.seehundstation-norddeich.de. Tgl. 10-17, Fütterungszeiten tgl. 11 und 15, Waloseum Sa, So 10-17 Uhr.*

Im Auge des Orkans

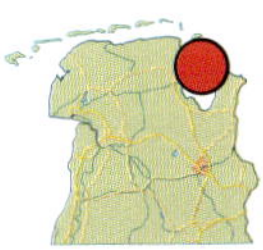

Wenn der Nordseewind so richtig losfegt, dann sollte man sich tunlichst schnell in Sicherheit bringen – andernfalls wird's unangenehm. Sie können sich nicht vorstellen, wie sich das im Fall des Falles anfühlt? Dann besuchen Sie das Wattenmeerhaus in Wilhelmshaven. Es gibt eine Multimedia-Ausstellung zu den Auswirkungen der bewegten Luft. Egal zu welcher Jahreszeit, im Wattenmeerhaus hören und fühlen Sie den Sturm brausen, sehen Sie die aufgepeitschte Gischt, die tosenden Wellen. Klar, dass es im Wattenmeerhaus auch Watt zu entdecken gibt. Sie können ein lebendes Stück Watt begutachten, anfassen, daran riechen, die Gezeitenorgel spielen, den Herzschlag des Austernfischers hören, Strandgut untersuchen. Geschichten von Wattläufern, Bauern, Forschern und Ausstellungen zum Leben der Fischer bei Ebbe und Flut ergänzen die Ausstellung. Man darf Türen öffnen, in Schränke schauen und hinter Klappen gucken – jeder Raum ist eine eigene Welt, wie gemacht für kleine und große Entdecker. Und dann ist da noch „Daggi“. Die letzte Fahrt des Kutters erfolgte 1991, nach zwei Jahren in der Bootswerft zog sie dann ins Wattenmeerhaus ein. Daggi ist begehbar. Die

Kinder dürfen mal das Steuer in die Hand nehmen, das Rüttelsieb bewegen, sich als Kapitän fühlen, in der Kajüte sitzen oder als Piraten das Schiff entern.

Wattenmeerhaus im Nationalparkzentrum Wilhelmshaven: *Südstrand 110 b, 26382 Wilhelmshaven, Tel. 04421-910 70, info@wattenmeerhaus.de, www.wattenmeerhaus.de. April-Okt tgl. 10-18, Nov-März Di-So 10-17 Uhr. Erw. € 6, Kinder unter 6 J. frei, bis 16 J. € 3, Familienkarte € 13,50 (Kombikarten zusätzlich fürs Marinemuseum sind möglich).*

Abenteuerland und coole Karts

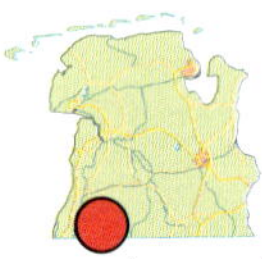

Der **Freizeitpark Schloss Dankern** bietet eine Menge Fun und Action bei jedem Wetter. 120 Spielmöglichkeiten warten allein auf dem riesengroßen Spielplatz: Wackelfahrrad, Planwagen, Kletterberg, Hüpfburg und Tobekissen sind nur einige von ihnen. Die Sonne scheint so richtig heiß? Dann ab zum flachen Dankernsee mit Wasserski-Seilbahn und Wasserfahrrädern (Geöffnet tgl. 13-19, nach Wetterlage Sa u. So ab 12 Uhr, Mi u. So bis 20, Anfängerkurse Mo-Fr 8-13 Uhr, nach Vereibarung: Tel. 05932-72 23 63).
Über die Wackelbrücke kann man zur Abenteuerinsel balancieren oder im Schlund eines gigantischen Krokodils verschwinden. Es regnet? Kein Problem. Im Spaßbad herrscht immer Badewetter: Wasserrutsche und Lokomotive stehen im Kinderschwimmbecken, die Minis planschen im eigenen Pool.

Schumi, aufgepasst!

Nachwuchs-Schumis werden sich für die **Kartschule Emslandring Dankern** begeistern. Kinder ab acht Jahren werden von einem professionellen ADAC-Kartlehrer trainiert. Minikarts gibt's ab sechs Jahren, Leihkarts ab zwölf, Rennkarts für geübte Fahrer. Boxengasse, Zeitmesssystem, Fahrerlager und Zuschauerterrasse vermitteln echte Rennatmosphäre. Im Freizeitpark Dankern ist auch für die

Auf der Riesenrutsche im Freizeitpark

Großen gesorgt: Sie können mit dem Ultraleichtflugzeug über das Emsland fliegen, den Tauchschein im blauen Dankern-See machen oder Tonscheibenschießen lernen.

Freizeitpark Schloss Dankern: *49733 Haren/Ems, Tel. 05932-722 30, info@schloss-dankern.de, www.schloss-dankern.de, Mitte März-Ende Okt tgl. 10-18 Uhr. Tageskarte: Erw. € 7, Kinder € 6. Anfahrt von Norden über die A 31 bis BAB-Abfahrt Haren/Ems. Von Süden über die A 31 oder die B 70, 10 km nördlich von Meppen auf die B 408 in Richtung Haren/Ems.*

Kartschule Emslandring Dankern: *Langenberg 16, 49733 Haren (Ems), Tel. 05932-695 18, info@emslandring.de, www.emslandring-dankern.de. März-Nov tgl. 10 Uhr bis Dämmerung, Kurse Di u. Mi 9-11.30 Uhr. Erw. € 7, Kinder € 6.*

Sturmfreies Neßmersiel!

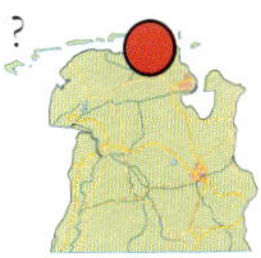

Einen ganzen Tag lang keine Minute Langeweile. Geht nicht? Geht doch! Im **Sturmfrei**, dem größten Familien-Freizeit-Center an der Nordseeküste. Spannung, Abwechslung, Entertainment und Wellness – alles auf einmal wird geboten. Für die ganz Kleinen gibt es ein Bällebad und eine Mäuseburg, die Größeren können sich virtuell austoben mit Singstar auf Großleinwand oder Formel-1-Simulator, in der Kreativwerkstatt gibt es jeden Monat ein neues Thema von Halloween bis Zirkus, wer Action mag, kann die Kletterwand bezwingen, Speedminton oder Billard spielen, mal Bauchtanz probieren oder seine schauspielerischen Fähigkeiten bei einem Theaterstück testen. Außerdem dabei: ein 3D-Erlebniskino, ein Golf-Simulator und ein Erlebnis-Kochbereich. Die Mamas und Papas können sich in der Zwischenzeit in der Wellness- und Vitaloase verwöhnen lassen. Zur Auswahl stehen: Hammam. Razul, Kosmetik, Massagen. Direkt nebenan befindet sich die in der Region meist frequentierteste **Paddel- und Pedal-Station** der Region. Hier kann man sich ein Paddelboot mieten und die Siellandschaften erkunden, oder man bucht eine der geführten Touren. Wetten, dass die Kleinen nur einen Wunsch haben: „Mama, da will ich morgen wieder hin!" Donnerstags von 14.30 bis 17.30 Uhr und sonntags von 11 bis 14 Uhr können Sie Ihre Kinder vom Animationsteam im Erlebniscenter betreuen lassen (Tel. 05944-879 98 10, 1 Std. € 3, Tag € 7).

Paddel- und Pedal-Station: *Familie Kleen, Störtebekerstr. 24, 26553 Neßmersiel, Tel. 04933-20 28, www.dornum.de. Tagesausflug pro Person € 16.*
Sturmfrei: *Störtebekerstr. 18, 26553 Neßmersiel, Tel. 04933-99 24 94, mail@wellnessoase-nessmersiel.de, www.nessmersiel-sturmfrei.de. Tgl. 10-18 Uhr. Erw. € 7, Kinder € 3,50.*

„Fährmann, hol över!“

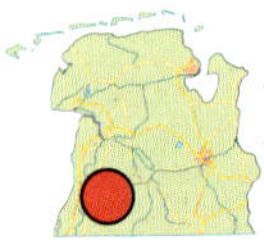

Sie wollen mit einer Fähre übersetzen. Was tun Sie? Klar, Sie kaufen ein Ticket, warten an der Anlegestelle, bis die Fähre kommt, und los geht's. Anders in Wiltshausen. Hier stellt man sich ans Flussufer und ruft „Fährmann, hol över“, wenn man auf die andere Seite der Jümme will. Dann ziehen zwei kräftige Fährmänner die Pünte an Stahlseilen über das Wasser (Anfahrt: Man fährt von Detern nach Arndorf, ab dort ausgeschildert, am Deich entlang). Die Strömung nutzen sie als kostenlosen Motor. Die Pünte ist ein Unikum, eine eigenartige Konstruktion, die seit dem 15. Jahrhundert von Hand betrieben wird und seit 2002 unter Denkmalschutz steht. Damals waren weite Teile Ostfrieslands noch unwirtliches Moor, Händler und Reisende mit dem Fuhrwerk unterwegs. Der handbetriebene, am Seil geführte Fährpram kann bis zu drei Pkw und etwa 30 Passagiere transportieren. Das mittelalterliche Fährerlebnis lässt sich sehr gut mit einer Fahrradtour verbinden: Von Detern führt ein ausgeschilderter Fahrradweg zur Pünte. Sie radeln stets am Jümmedeich entlang in Richtung Leer und kommen durch den Hammrich, ein Wiesenland mit Gräben und Kanälen. Wie ein Aal windet sich die Jümme hier durch die weite, flache Landschaft. Wenn Sie das Schöpfwerk Holtland erreicht haben, werfen Sie einmal einen Blick über den Deich: Wenn Sie Glück haben, lauert im Schilf der Flussschleife ein Reiher auf Beute. Gleich schon leuchten Ihnen die Dächer von Neuburg mit dem schiefen Kirchturm aus den Baumwipfeln entgegen. Hier, wo die Jümme in die Leda fließt, liegt die Pünte vor Anker. Das Fahrrad können Sie mitnehmen.

Fähre Pünte: *Wiltshausen-Bonnhausen, www.puente-leer.de, Betrieb: Mai-Sept Mi-Fr 10-18, Sa, So, 10-19 Uhr. Fußgänger: € 0,50, Radfahrer: € 1, Auto mit Fahrer: € 3.*

Der Friesische Heerweg

Der Friesische Heerweg ist mit 400 Kilometern Länge die längste durchgängig ausgeschilderte Radwanderroute Ostfrieslands. Sie führt auch an Detern vorbei. Der Weg ist nicht künstlich angelegt sondern basiert auf den Routen der mittelalterlichen Raubritter, Pilger und Kaufleute. Dabei führt der Heerweg an den geschichtlichen Sehenswürdigkeiten aus den letzten Jahrhunderten vorbei und durchquert die verschiedenen Landschaftsformen Geest, Marsch und Moor. Er ist mit den Symbolen Hellebarde und Wagenrad ausgeschildert.

AG Friesischer Heerweg: *Hauptstr. 60, 26446 Friedeburg, Tel. 04465-14 15, info@friesischer-heerweg.de, www.friesischer-heerweg.de.*

Museumsdorf Cloppenburg

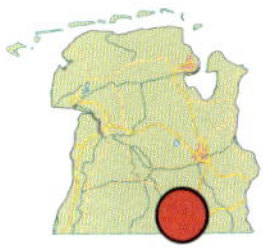

Im Museumsdorf Cloppenburg, das zusammen mit dem alten Stadtpark die grüne Mitte der Burgstadt bildet, wurden auf 15 Hektar 53 historische Originalgebäude aus Niedersachsen wieder aufgebaut: Windmühlen, Werkstätten und zwei Bauernhaustypen: das niederdeutsche Hallenhaus und das ostfriesische Gehöft. Dem Besucher bieten sich Häuser mit vollständiger Einrichtung: Die Herdstellen sind rußgeschwärzt, als seien sie soeben noch benutzt worden, an den Tischen möchte man beinahe Platz nehmen. Wie es sich für ein richtiges Dorf gehört, ist auch eine Dorfschule dabei, wo die Kinder einst hölzerne Schultaschen trugen und auf schwarzen Schiefertafeln schrieben – ebenso ein Backhaus, in dem immer noch im rot glühenden Steinofen frisches Brot gebacken wird. Auf dem Friedhof stehen Grabsteine mit Namen von Menschen, die vor zwei- bis dreihundert Jahren tatsächlich in Verden und Bardenfleth gelebt haben. Außerdem gibt es eine Tischler- und eine Schusterwerkstatt und Schafställe. Unter den Bauernhöfen findet man den bescheidenen Heuerhof ebenso wie das stattliche Anwesen mit den Ausmaßen eines Herrenhauses. Hier kann man die Lebensweise der Väter und Großväter der Niedersachsen nachvollziehen. Das Schöne daran: Das Museum lebt. Auf der Weide haben es sich Kühe wiederkäuend bequem gemacht, ab und zu zieht eine Gänseherde schnatternd vorbei und aus dem Backhaus duftet es nach frisch gebackenem Brot. In der Töpferei sitzt jemand an der Töpferscheibe. In einem kleinen Bauerngarten jätet jemand Unkraut. Einige der Bauerngärten werden genau so bewirtschaftet, wie es früher einmal war. Dazwischen wachsen Heidelbeeren, Himbeeren und Arnika, ein altes Heilmittel, das man früher als Schutz vor bösen Hexen benutzte.

Im Museumsdorf versetzt Sie eine Zeitreise um 200 Jahre zurück

Museumsdorf Cloppenburg: *Bether Str. 6, 49661 Cloppenburg, Tel. 04471-948 40, info@museumsdorf.de, www.museumsdorf.de.*
März-Okt 9-18, Nov-Febr 9-16.30 Uhr. Erw. € 5, Kinder € 2,50, Familienkarte € 12.

Im Tropen Parc Tossens wird alles Erdenkliche an Wasserspielen geboten

Bei Regen ab in die tropische Urlaubswelt

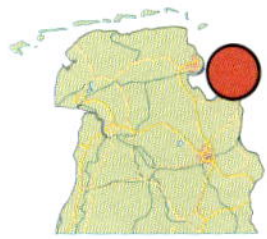

Wenn es draußen wie aus Eimern kübelt, dann ist der Center Parc mit dem Aqua Mundo das richtige Ausflugsziel. Er liegt zwischen der Wesermündung und dem Jadebusen direkt am Nationalpark Wattenmeer und ist eine Mischung aus Feriensiedlung und Freizeitbad.
Das 4.000 Quadratmeter große Badeparadies Aqua Mundo ist auf drei Ebenen gebaut und mit tropischen Pflanzen wie Palmen und Bananenstauden reichlich ausgestattet. Geboten wird so ziemlich alles rund um Wasserspiele: vom Wellenbad über Stromschnellen, Whirlpools in Felsengrotten, Wasserfällen und tropischen Flusslandschaften bis zu Kinderbecken mit lustigen Figuren. Dazu die obligatorische 96 Meter lange Riesenrutsche, Entspannungsbecken, Wasser-Massagebänke. Die Außenbecken sind über einen Schleusenkanal mit dem Innenbecken verbunden. Die künstliche Urlaubswelt ist Teil des Center Parcs doch auch Tagesgäste sind willkommen und können an Shows und Animation teilnehmen. Für die Eltern ist eine Saunalandschaft mit Innen- und Außenbecken sowie Garten eingerichtet, es gibt ein Fitnesscenter, Volleyball und Tennis.

Aqua Mundo: *Center Parcs, Strandallee 36 a, 26969 Tossens, Tel. 04736-92 80, operationaloffice.tossens@centerparcs.com, www.centerparcs.de. Tgl. 10-20 Uhr. Tageskarte: Erw. € 15, Kinder € 8,50.*

Familien-Wattwanderung

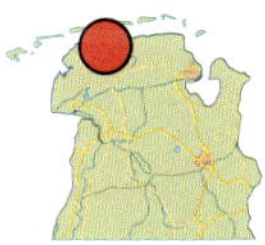

Eine Wattwanderung gehört zu einem Nordseeausflug natürlich dazu – und fast jeder Ferienort bietet diese Entdeckungstour mit einem professionellen Wattführer an. Was ist Watt eigentlich? Sieht aus wie eine unendliche Sandwüste. Weite, trockene Flächen, ein paar angetriebene Algen, Muschelschalen, Schneckenhäuser. Riechen tut's manchmal ein bisschen streng. Auf den ersten Blick nicht sonderlich spannend. Von wegen! Bei Niedrigwasser zieht sich alles, was unterwegs ist, in den schützenden Boden zurück. Milliardenfaches Leben krabbelt und kribbelt im Boden, schon in einer Handvoll Watt sind millionenfach Kieselalgen vertreten. Bei Windstille verraten sich die Lebewesen. Man hört das Schmatzen der Krebse, das Schnorcheln der Muscheln, das „Kliep, Kliep“ der Austernfischer, das „Zipp, Zipp“ der Flohkrebse. Die winzigen Tierchen hinterlassen außerdem Spuren: stecknadelkopfgroße Sandhaufen, feine Trichter,

Die 10 Gebote für Watt-Unkundige

1. Gehen Sie niemals allein ins Watt.
2. Verlassen Sie das Watt sofort bei aufziehendem Gewitter.
3. Erkundigen Sie sich nach den Wattwanderzeiten (Tafel).
4. Merken Sie sich einen Markierungspunkt auf dem Festland.
5. Meiden Sie Muschelbänke (Verletzungsgefahr!).
6. Hören Sie auf den Rat von Kundigen.
7. Baden Sie auf keinen Fall in der Fahrrinne.
8. Halten Sie sich bei auflaufendem Wasser nicht in der Nähe von Prielen auf.
9. Vorsicht: Ablaufendes Wasser und Ostwind können auch für geübte Schwimmer zur Gefahr werden.
10. Schwimmen Sie bei ablaufendem Wasser nicht zu weit hinaus.

Faustregel: Lassen Sie nichts zurück – außer Fußstapfen, nehmen Sie nichts mit – außer Bildern!

Sandkringel. Unter der sternförmigen Kratzspur sitzt eine Pfeffermuschel im Schlick. Sie arbeitet wie ein Staubsauger und saugt eifrig ihre Lieblingsspeise: Kieselalgen. Die auffälligste Spur verursacht der berühmte Wattwurm, sie besteht aus einem Loch und einem Haufen Sandschnüre. Eine Wattwanderung öffnet Ihnen die Augen für die kuriosen Bewohner dieser Wunderwelt unter Ihren Füßen. Im Sommer können Sie barfuß wattwandern, sollten sich aber vor den Muschelschalen vorsehen. Ansonsten sind Sie mit Gummistiefeln oder alten Turnschuhen bestens gerüstet. Zu den schönsten Wattwanderungen gehört die Wanderung zur Insel Neuwerk, 13 Kilometer vor Cuxhaven. Doch diese Tour ist sehr anstrengend und erst für Teenager geeignet (→ S. 32). Jüngere Kinder und ihre Eltern sind bei einer Familienwattwanderung besser aufgehoben. Dabei wird altersgemäß die Tier- und Pflanzenwelt im Watt erklärt und auch kleine Füße schaffen die Strecke.

Familienwattführer erklären kindgerecht

Familienwattwanderung: *z. B. mit dem staatl. geprüften Familien-Wattführer Martin Rieken in Neßmersiel, Postfach 1648, 26586 Aurich, Tel. 04941-82 60, www.wattfuehrer-rieken.de. Erw. € 6, Kinder € 4. Die Wanderung ist für Kinder unter acht Jahren geeignet. 1,5-2 Stunden.*

GUT ZU WISSEN

Fakten von A bis Z

Ankunft/Anreise

Plant man in erster Linie einen faulen Badeurlaub, ist die Anreise mit dem Zug zu empfehlen – zumal man sein Auto ohnehin nicht auf alle Inseln mitnehmen darf. Sowohl die Inseln als auch alle wichtigen Ziele an der Küste und auf dem Festland können Sie bequem mit der Bahn erreichen. Mit dem ICE kommt man von Hannover über Bremen bis Oldenburg. Alle Bahnanschlüsse sind auf Busse und Fähren abgestimmt.

Die DB bietet zudem ein Kombiticket an. Mit einem einzigen Fahrschein wird die Anreise unkompliziert: Per Bahn geht es an die Küste, und Tidebusse bringen die Reisenden zur Fähre. Mit dem DB-Gepäckservice können die Koffer auf die Inseln vorausgeschickt werden: einfach zu Hause das Gepäck als Haus-zu-Haus-Zustellung abgeben (ein paar Tage vor der Abreise). Von München fährt über Stuttgart an den Wochenenden ein Nachtzug nach Leer, Emden, Norden und Norddeich (Infos: www.dbnachtzug.de). Will man aber im Urlaub viele Ausflüge unternehmen, ist man mit dem Auto gut beraten – und mit einem Standquartier auf dem Festland. Die großen Seehafenstädte Emden, Wilhelmshaven, Bremerhaven und Cuxhaven erreicht man über das Autobahnnetz. Die wichtigsten Küstenorte sind über Bundesstraßen miteinander verbunden. Die B 210 durchquert Ostfriesland, die Störtebekerroute verläuft parallel zum Deich. Nützlich für die Ausflüge entlang der Küste sind eine Parkscheibe sowie etwas Kleingeld für Parkuhren oder Parkautomaten (→ Öffentliche Verkehrsmittel S. 105).

Wer auf seinen Wagen vor Ort nicht verzichten will, jedoch die Anfahrt scheut, kann mit dem Autozug anreisen, der die Strecke über Nacht zurücklegt. Das ganze Jahr über verkehrt der DB AutoZug aus München über Stuttgart nach Bremen, im Sommer auch nach Emden, Norden und Norddeich Mole (Infos unter www.dbautozug.de).

Auskunft

Alle Ferienorte auf dem Festland und auf den Inseln haben eine Kurverwaltung, ein Fremdenverkehrsbüro oder eine Touristen-Information. Auf Anfrage verschicken diese Stellen Unterkunftsverzeichnisse, Prospekte und Infomaterial. Dort bekommen Sie auch Hefte oder Faltblätter zu besonderen Themen (Radwandern, Wassersport, etc.). Die Adressen der Tourist-Infos finden Sie in diesem Buch (→ Index). Allgemeine Informationen zur niedersächsischen Nordsee-Küste erteilen:

Die Nordsee: *Sieben Inseln, Eine Küste, Postfach 2106, 26414 Schortens, Tel. 04421-956 09 90, kontakt@die-nordsee.de, www.die-nordsee.de.*

TourismusMarketing Niedersachsen GmbH: *Theaterstr. 4-5, 30159 Hannover, Info-Tel. 01805-18 07 00, info@tourismusniedersachsen.de, www.reiseland-niedersachsen.de (auf der Homepage finden sich Tipps und Informationen für den Urlaub am, im und auf dem Wasser).*

Touristik Südliches Ostfriesland:
Ledastr. 10, 26789 Leer,
Tel. 0491-91 96 96-0, info@
suedliches-ostfriesland.de,
www.ostfriesland-reiseservice.de.

Babysitter
Kinderfreundliche Hotels verfügen in der Regel über eigene Babysitter oder haben jemanden an der Hand. Wer sonst einen Schutzengel für seine Kleinen braucht, wendet sich am besten an die Kurverwaltungen, die Kinderspielhäuser oder den Fremdenverkehrsverein.

Camping
Zelt- und Campingplätze gibt es mehr als genug. Die Preise unterscheiden sich nach Ausstattung der Anlage, in den meisten Fällen wird der Preis für den Wohnwagen bzw. das Zelt plus einer Personengebühr berechnet. Für Kinder muss ab einem Alter von sechs Jahren bezahlt werden. Dazu kommen in der Regel noch die Kosten für den Strom. In der Saison sollte man seinen Stellplatz auf dem Campingplatz unbedingt rechtzeitig reservieren, da die Plätze schnell ausgebucht sind. Infos erhält man von den Fremdenverkehrsämtern oder aus dem ADAC-Campingführer Deutschland.

Fähren
Nur die Fähren nach Borkum, Norderney und Langeoog sind tideunabhängig, bei allen anderen Inseln variieren die Abfahrtszeiten täglich. Alle Fährhäfen sind gut an das Autobahn- und Eisenbahnnetz angeschlossen, Garagen und Großparkplätze gehören zum Standard. Die Tagesparkplätze befinden sich in Anlegernähe. Zum Ausladen gibt es Kurzzeitparkplätze direkt an der Mole. Vor den Fähren wird das Gepäck in Container verladen. Sie sollten möglichst eine Stunde vor der Abfahrt am Hafen sein. Tagesrückfahrkarten sind billiger als Mehrtageskarten. Wenn Sie von der Küste zu mehreren Inseln übersetzen möchten, studieren Sie die Fahrpläne im Voraus, um den besten Tag herauszufinden.

Ein Eldorado für Fahrradfahrer – Verleihstationen gibt es überall

Fahrradverleih
Fahrräder können in allen Küstenorten und auf den Inseln stunden-, tage- und wochenweise gemietet werden. Einzige Ausnahme: Auf Baltrum und Spiekeroog sind Fahrräder nicht gerne gesehen, nur geduldet. Die meisten Verleihe vermieten Kindersitze, Anhänger und Bollerwagen. Die Preise variieren zwischen € 4-8 pro Tag für ein Erwachsenenrad und € 3-6 für ein Kinderrad. Wenn Sie Ihr eigenes Rad mitnehmen wollen, sollten Sie bedenken, dass Salz und Sand den Rädern ziemlich zusetzen.

FKK
An jedem größeren Strand ist in der Regel auch ein Abschnitt den FKK-Anhängern vorbehalten. An „oben ohne" am Badestrand stört sich allerdings nirgendwo jemand.

Fundbüro
Wer im Eifer des Gefechts etwas verloren hat, kann sich an Kurverwaltung, Stadtverwaltung oder die Gemeinde wenden. Wenn überhaupt, dann liefert der Finder die Fundstücke dort ab.

Gezeitenkalender
Ein wichtiger Begleiter an der Nordseeküste ist der Gezeiten- oder Tidenkalender, der die täglichen Hoch- und Niedrigwasserzeiten angibt. Sie erhalten ihn kostenlos oder gegen eine geringe Gebühr bei den Kurverwaltungen.

Hunde
Am normalen Badestrand sind Hunde unerwünscht. Aber auf vielen Campingplätzen und Strandabschnitten, die als solche gekennzeichnet sind, sind auch die vierbeinigen Familienmitglieder gerne gesehen, solange sie gut erzogen sind. Immer und überall müssen die Vierbeiner an der Leine geführt werden, im Watt sowieso. Es gibt eine ganze Reihe von hundefreundlichen Unterkünften. Es ist ratsam, sich vor Reiseantritt zu erkundigen, ob Bello erwünscht ist oder nicht. Übrigens: Manchmal verursachen Hunde unerwartet zusätzliche Kosten. Für die Überfahrt mit der Fähre von Neuharlingersiel nach Spiekeroog z. B. müssen Sie sich ein leider etwas kostspieliges Hundeticket besorgen (Hin- und Rückfahrt € 20).

Klima und Reisezeit
Die Badestrände sind von Juni bis August bewacht, die Hochsaison dauert vom 1. Mai bis zum 30. September; im Oktober, März und April ist Nebensaison. Die beliebtesten Reisemonate sind Juli und August, sie sind die wärmsten Monate mit durchschnittlich 19 Grad (siehe Klimatabelle rechts). Auf den Inseln heißt es in der Hochsaison in der Regel „alles ausgebucht", was aber nicht bedeutet, dass man ständig von Menschen umgeben ist. Die Vor- und Nachsaison eignet sich wunderbar zum Spazierengehen und Radfahren. Die Winter sind mild, aber oft trüb und feucht – und viele Betriebe und Museen an der Küste bleiben geschlossen.

Kreativ- und Wellness-Urlaub
Im Grunde gibt es kaum etwas, was Sie oder Ihr Kind bei einem Nordseeurlaub nicht lernen könnten. Es gibt Sport-, Bastel- oder Töpferkurse, Unterricht im Aquarellieren, Blumentopfdesign oder für Seidenmalerei, Bier- oder Blaudruckseminare (Jever) und sogar Anleitung im Torfstechen (Papenburg). Auskunft über die Angebote erhalten Sie bei den Verkehrsvereinen oder aus den Stadt- und Inselmagazinen.

Kurtaxe
„Die Kurkarten, bidde!" 1893 verfügte der preußische Landtag, dass Bade- und Kurorte spezielle Gebühren erheben dürfen, um ihre Kureinrichtungen zu unterhalten. Viele Küstenorte sind staatlich anerkannte Nordseeheilbäder. Die Kurmittelhäuser stehen auch Nicht-Kurenden offen. Auch wenn Sie keines der Angebote nutzen und nur baden möch-

Klimatabelle: Borkum

* im Winter wird die Wassertemperatur nicht gemessen

	Jan	Feb	März	Apr	Mai	Juni	Juli	Aug	Sept	Okt	Nov	Dez
Wassertemperaturen in °C	*	*	*	*	11	14,5	17	18	16	*	*	*
Lufttemperaturen / Tag (in °C)	3	3	6	10	14	17	19	19	17	12	8	5
/Nacht	-0,5	-0,5	1,2	10	14	11	14	14	11	8	4	1,5
Sonnenschein (in Std.) täglich	1,5	2,5	3,5	5	6,5	7,5	6,2	6,2	4,5	3	1,8	1,5
Niederschlag (Tage/Monat)	12	10	9	8	7	8	10	10	11	12	13	12

ten – Sie müssen bezahlen. Wie hoch der Betrag ist, hängt von der Saison und Ihrem Ferienort ab (zwischen € 2 und € 2,60 pro Tag/Person, Kinder unter 6 J. frei, Kinder ab 6 J. € 1-1,20). Das kann sich bei einem mehrwöchigen Aufenthalt ganz schön summieren, doch im Gegenzug bekommen Sie mit der Kurkarte ermäßigten Eintritt in Hallenbädern, Museen und Veranstaltungen der Kurverwaltungen. Der saubere Strand hat schließlich auch seinen Preis. Als Reaktion auf Gästekritik geben einige Kurdirektoren der Kurtaxe einen neuen Namen, nennen sie „Servicecard" oder „Gästekarte" und verbinden damit etliche Vergünstigungen.

Medizinische Versorgung

Auf Borkum und Norderney gibt es Krankenhäuser, auf Norderney befinden sich zudem das älteste Kinderkrankenhaus Deutschlands und eine Vielzahl von Fachärzten. Auf allen anderen Inseln praktiziert zumindest ein Badearzt. Auch in allen Küstenorten ist die medizinische Versorgung gesichert. Adressen und Telefonnummern der Ärzte stehen in den örtlichen Gelben Seiten, die diensthabenden Apotheken sind in der Regionalpresse aufgeführt.

Öffentliche Verkehrsmittel

Eine Bahnlinie verbindet Leer, Emden, Marienhafe, Norden und Norddeich, eine weitere Wilhelmshaven, Jever, Wittmund und Esens. Zugverkehr gibt es außerdem zwischen Bremen, Bremerhaven, Wremen, Dorum und Cuxhaven sowie Bremen, Oldenburg und Wilhelmshaven.
An der Küste bestehen gute Busverbindungen – so ist der Bäderbus zwischen Norden und Carolinensiel/Harlesiel bis zu 13-mal täglich im Einsatz.
Auch von den Städten im Inland starten ein Bus und die deutsche Bundesbahn

„Platte“ Nachhilfe

Mal angenommen, Sie hätten sich wider Erwarten in die Sprache verliebt, und Ihre Kinder finden Platt voll cool, dann sollten Sie sich „Dat plattdütske Kinnerbook. Een Vörlees- un Utmaalbook“ besorgen. Auf 108 Seiten werden u. a. die Geschichten von der Prinzessin und Jan Brathering, vom Wolf und dem Fuchs und den fünf Schafen erzählt. Und mal angenommen, Sie wollten die plattdeutsche Sprache gar erlernen, dann liegen Sie mit dem Kinderbuch „Dür ik hum beholl'n? En lüttje Geschicht för Kinner“ richtig, einer kleinen Geschichte in plattdeutscher Sprache mit hochdeutscher Übersetzung. Beide Kinderbücher wurden vom Institut für niederdeutsche Sprache empfohlen, und es gibt sie in allen Buchhandlungen.

mehrmals täglich in Richtung Küste. Sehr nützlich ist der „Ostfriesland-Fahrplan“, den es bei den örtlichen Fremdenverkehrsbüros gibt.

Öffnungszeiten

Im Sommerhalbjahr gilt an der Küste die Bäderregelung: Werktags dürfen Läden bis 21, sonn- und feiertags von 11 bis 18.30 Uhr öffnen. In kleineren Dörfern muss man allerdings mit Mittagsschließzeiten zwischen 13 und 15 Uhr rechnen. An den gesetzlichen Feiertagen bleiben die Ladentüren überall geschlossen.

Organisierte Ausflüge

Tagesfahrten zu den Inseln sowie nach Helgoland werden von allen Insel- und Küstenhäfen angeboten. Daneben stehen Fischkutterfahrten, Angelausflüge, Wattwanderungen, Trips zu den Seehundbänken oder naturkundliche Führungen auf dem Programm. Informationen zu Programm, Veranstaltern und Terminen erhält man an den Häfen, bei den Fremdenverkehrsämtern oder bei den Informationszentren des Nationalparks Niedersächsisches Wattenmeer.

Reiterhöfe

Reiten, Pflegepony versorgen, Unterricht, Ausritte, Planwagenfahrten, Lagerfeuer – Reiterferien verbreiten stets einen Hauch von Abenteuer. Allerdings sind die Kinder dabei ohne Eltern und sollten daher schon ein wenig älter sein (mindestens sieben Jahre). Reiterhöfe gibt es in jedem Ferienort. Adressen erhalten Sie bei den örtlichen Fremdenverkehrsämtern.

Strandkörbe

Strandkörbe haben einen Riesenvorteil für Familienurlauber: Jeder Feriengast kehrt jeden Strandtag an den gleichen Ort zurück. Sobald also Ihre Kinder mit den Kindern aus dem Neben-, Hinter- oder Vorderstrandkorb Freundschaft geschlossen haben, ist der Urlaub gerettet. Ansonsten bieten sie natürlich Schutz vor Regen, Wind und Sonne. An allen ausgewiesenen Badestränden sind sie von Mai bis September zu haben (ca. € 8 pro Tag). Wer gleich wochenweise mietet, kommt günstiger weg. Strandkörbe und Zelte können, was besonders empfehlenswert in der Hauptsaison ist, schriftlich vorbestellt werden. Formulare liegen dem Gastgeberverzeichnis bei.

Trinkgeld

An der Nordseeküste gelten dieselben Trinkgeldregeln wie überall sonst in Deutschland: fünf bis 15 Prozent des Preises sind je nach Leistung und Kundenzufriedenheit üblich.

Unterkünfte

Vom Heuhotel bis zum Luxusschuppen finden Sie an der Nordseeküste alles, was Ihr Urlaubsherz begehrt. Während der Hochsaison vom 1. Mai bis zum 30. September (mit einigen „lage- oder ferienbedingten Abweichungen“) ist die Nordseeküste ein ziemlich teures Pflaster. Unterschieden wird zwischen drei Preiskategorien: Die teuersten Unterkünfte liegen auf den Inseln, die zweitteuersten in den Küstenorten, am billigsten übernachtet man im Inland. Heuhotels, Traber- und Bauernhöfe sind gerade für Kinder eine spannende Unterkunftsmöglichkeit. Aufstehen, Kuh und Katze begrüßen, die Nacht im Knisterbett schlafen – so wird Urlaub zum Abenteuer. Gegen eine geringe Gebühr verschicken die Fremdenverkehrsämter Unterkunftsverzeichnisse. Haben Sie Ihre Wahl getroffen, rufen Sie am besten direkt beim Vermieter an. Verzeichnisse weisen für Behinderte und Allergiker geeignete Urlaubsquartiere besonders aus. Eine ganze Reihe von Veranstaltern bieten Pauschalangebote und kinderfreundliche Arrangements an.

Reiterhöfe gibt es an der Nordseeküste fast wie Sand am Meer

10 kinderfreundliche Unterkünfte

Wangerland-Hooksiel:
Katrin's Ferienhof
Bei Wüppels 1, 26434 Wangerland, Tel. 04425-813 64, katrinhobbie@aol.com, www.katrins-ferienhof.de, pro Ferienwohnung und Tag je nach Saison ab € 70.
Zurecht trägt Katrin's Ferienhof die Auszeichnung „Besonders kinderfreundlich“: Es gibt eine Spielwiese, einen Spielplatz mit Sandkasten, Klettergerüst, Rutschbahn und Kinderplanschbecken, eine 170 Quadratmeter große Spielhalle, die Kinder können im Heuboden herumtollen, auf Ponys reiten, Kutschfahrten unternehmen, die Streicheltiere betütteln. Kurz: Sie werden Ihren Nachwuchs wenig zu Gesicht bekommen. Der Hof verfügt über vier komplett eingerichtete Ferienwohnungen und liegt etwa 500 Meter vom Wurtendorf Wüppels entfernt. Zur Nordsee sind es vier Kilometer, der Seebadeort Hooksiel ist mit dem Pkw in fünf Minuten zu erreichen, Horumersiel in zehn Minuten.

Hooksiel:
Traberhof
Remmer Müller, Wüppelser Alter Deich, 26434 Hooksiel, Tel. 04425-443, info@traberhof.net, www.traberhof.net, Ferienwohnung und Tag je nach Saison ab € 55.
Schwanzwedelnd heißt Sie der freundliche Hofhund willkommen, wiehernd stimmen die Pferde in die Begrüßung mit ein, die Kätzchen streichen vertrauensselig um die Beine, aus dem Stall gackern die Hühner. Kurz, der Traberhof ist ein Paradies für Tierliebhaber. In einem ehemaligen Stallgebäude wurden gemütliche Ferienwohnungen mit Küchenzeilen, Wohnteil und ein bis zwei Schlafzimmern eingerichtet. Es gibt einen großen Garten, vor dem Hof stehen die Fahrräder in Reih und Glied. Kinderbetten sind vorhanden.

Großefehn:
Fehn-Hotel-Helgoland
Schrahörnstr. 78, 26629 Großefehn, Tel. 04945-919 10, DZ mit Kinderbett ca. € 120 .
Die optimale Unterkunft für große und kleine Fahrradfans. Gleich vom Hotel aus lassen sich wunderbare Touren unternehmen, die Damen und Herren an der Rezeption sind bei der Planung gerne behilflich. Fahrräder kann man direkt im Hotel mieten. Außerdem verfügt das angenehme Familienhotel noch über einen Minigolfplatz, eine große Gartenterrasse, einen Biergarten und einen Bootsverleih.

Tossens:
Kurhotel Strandhof
Strandallee 35, 26969 Tossens, Tel. 04736-92 50, Kurhotel@strandhof.de, www.kurhotel-strandhof.de. Übernachtung mit Frühstück ab € 33 pro Person, Halbpension ab € 47 pro Person, Kinder (5-13 J.) bekommen 50 Prozent Ermäßigung (bis 4 J. im Zimmer der Eltern frei), Kinderbett € 6, Einzelzimmerzuschlag € 8.
Familiäres, kinderfreundliches Hotel direkt hinter dem Deich in Strandnähe. Scheint die Sonne, kann man sich auf der Liegewiese lümmeln und Wellen

hüpfen, am Grillplatz und im Biergarten den Abend ausklingen lassen. Bei durchwachsenem Wetter bieten Spielplatz oder Streichelzoo den Kindern Kurzweil. Schüttet es, steht ein Kinderspielzimmer mit Kino und Bücherecke bereit.

Dorum:
Cuxland Ferienpark Nordseebad Dorum
Sieltrift 37-39, 27622 Dorum, Tel. 04741-390, info@cuxland-ferienparks.de, www.cuxland-ferienparks.de. Preis pro Einheit und Tag je nach Saison ab € 50.
Gepflegter Ferienpark direkt hinter dem Nordseedeich, die Häuser sind individuell und gemütlich eingerichtet. Täglich wird ein Unterhaltungs- und Kinderanimationsprogramm angeboten. Man kann Ausflüge mit der Bimmelbahn oder mit dem Planwagen buchen, mit dem Pony ausreiten oder mit dem Fahrrad losziehen. Räder und Bollerwagen können im Park gemietet werden. Stärken können Sie sich im Restaurant „Klabautermann" oder im Eiscafé.

Horum:
Apartment-Hotel Friesland Stern
Störtebekerstr. 13, 26434 Horum, Tel. 04426-94 50, Preis pro Person und Tag je nach Saison € 70-€ 100, Kinderermäßigung 30 Prozent.
Das Apartment-Hotel in dem kleinen Ort, zwei Kilometer von der Nordsee und dem Strand entfernt, ist ganz auf Familien mit Kindern eingestellt. Auf dem großen, abgegrenzten Gelände mit Wiese und Spielplatz können die Kinder herrlich rumtoben, Hühner, Schafe, Ziegen streicheln und auf Ponys reiten.

Postkarten für die Lieben zu Hause: „Ander Jahr kommen wie weer!"

Krummhörn:
Heuhotel Deichhof Leeshaus
Familie Schöningh, Leeshauser Str. 14, 26736 Krummhörn, Tel. 04923-71 11, info@leeshaus.de, www.leeshaus.de. mit Küchenbenutzung, Frühstück möglich, Aufenthaltsraum mit TV, Radio, Telefon, Waschmaschine und Trockner, Schlafsäcke mitbringen! Pro Zimmer ab € 40.
Schlafen in einem Heuhotel, das gefällt allen Kindern. Der schnuckelige Hof, ein voll bewirtschafteter Bauernhof, liegt direkt am Deich und an den Radwanderwegen „Friesenroute – Rad up Pad" und „Friesische Mühlentour". Aber Achtung: Allergiker sollten auf Heuhotels besser verzichten!

Juist:
Villa Charlotte
Wilhelmstr. 9, 26562 Juist, Tel. 04935-216. Preis pro Person und Tag ab € 50, 20 Prozent Kinderermäßigung.
Das kinderfreundliche Haus ist auf junge Besucher eingerichtet. Es verfügt über geräumige Eltern-Kind-Zimmer sowie Doppelzimmer, alle gemütlich eingerichtet. Spiele, Bücher und Strandspielzeug stehen zur Verfügung. Abends gibt's einen Extra-Babysitterdienst.

Fedderwardersiel:
Ferienpark Fedderwardersiel
Am Jachthafen 214, 26969 Fedderwardersiel-Butjardingen, Tel. 04733-771, info@nordsee-ferienpark-gmbh.de, www.nordsee-ferienpark-gmbh.de. Preis pro Einheit und Tag je nach Saison ab € 70.
Gepflegter kinderfreundlicher Ferienpark direkt hinter dem Deich. Zur Wahl stehen Dreizimmer- und Vierzimmer-Bungalows. Betten sind für Kinder bis drei Jahre kostenlos. Für die Kleinen gibt's eine ganze Reihe von Fun-Angeboten: Kinder-Freibad, Abenteuerspielplatz Kunterbunt, Kettcars, Kinderfahrräder.

Tossens:
Center Parc Tossens
Strandallee 36 a, 26969 Tossens, Tel. 04736-928 94 39, kundenservice@centerparcs.com, www.centerparc.de. Studios, Drei-, Vier- oder Fünfzimmerhaus. In der Hochsaison eine Woche 2 Erw., 2 Kinder € 1.299, Nebensaison günstiger.
Eine Ferienoase mit Rundum-Spaß-Programm, langweilig wird's hier bestimmt niemandem. Ideal für Eltern, die sich auch mal guten Gewissens ein kinderfreies Stündchen gönnen und ihre Sprösslinge dabei gut aufgehoben wissen möchten. Die ganze Anlage ist speziell auf Kinder ausgerichtet: Es gibt ein umfangreiches Animationsprogramm sowie Kinderkino, Minidisco und kindgerechte Restaurants.

Ferienwohnungen

Wer mit mehrköpfiger Familie auf Tour geht, wird sich wohl für eine Ferienwohnung interessieren. Die so genannten End- oder Nachreinigungskosten müssen jeweils im Mietpreis enthalten sein. In der Regel sollte man für die Hauptsaison schon Monate im Voraus sein Feriendomizil buchen. In der Nebensaison sind die Preise stark reduziert, manchmal um satte 50 Prozent, doch muss man die Termine genau festlegen und Minimalbelegung gilt für eine Woche. Einen guten Überblick über das Angebot bekommt man mit der Gastgeberliste, die man bei der Kurverwaltung oder der Zimmervermittlung des Zielorts anfordern kann.

Urlaub auf dem Bauernhof

Heuhotels und Bauernhöfe vermittelt:
***Arbeitsgemeinschaft Urlaub & Freizeit auf dem Lande:**, Lindhooper Str. 63, 27283 Verden, Tel. 04231-96 65-0, info@bauernhofferien.de, www.bauernhofferien.de.*
Ferien dort machen, wo sich die Hühner „Gute Nacht" sagen, den Bauern beim Heumachen zusehen, das Müsli mit frischer Frühstücksmilch von Eulalia anrühren – Urlaub auf dem Bauernhof ist für Familien keinesfalls die schlechteste Alternative.

Einkaufen & Mitbringsel

„Ich gebe 'ne Runde Möweneier aus!" Da werden die Kumpels im Kindergarten staunen, wenn Ihr Nachwuchs mit solchen Mitbringseln auftaucht. Und mit einer Handvoll kunterbunter Möweneier-Bonbons mit Nuss-Mandel-Marzipanfüllung oder einer Portion Schokomuscheln klingen die Erzählungen über die Urlaubsabenteuer gleich viel spannender! Und die besten Freunde sollten einem schon einen kuscheligen Wattwurm-Willi wert sein.

Schietwettertee und Jeversche Leidenschaft

Oma und Opa, die Haus und Hof gehütet haben, freuen sich sicherlich über eine Packung echten Ostfriesentee. Besonders lecker schmeckt der Sonntagstee mit Vanille, der Schietwettertee ist ebenfalls eine Spezialität. Haben die Großeltern auch die Blumen zuverlässig gegossen, dann haben sie sich eine Packung knackige Friesenkekse oder „Jeversche Leidenschaft", süßes Blätterteiggebäck, verdient. Mit hübsch verpackten Teepäckchen, arrangiert mit Tee-Ei, Kandis, Honig oder Marmelade, kann man Nachbarn und Freunden eine Freude machen. Wer selbst gerne Tee trinkt, könnte sich ein ostfriesisches Teeservice aus Porzellan mitnehmen. Schönes Geschirr und eine Riesenauswahl an Teesorten hat der **Langeooger Teeladen**, der auf Teeversand spezialisiert ist. Er verschickt das ganze Jahre über frische und rückstandskontrollierte Ostfriesen-, Schwarz-, Früchte- und Grüntees sowie liebevoll zusammengestellte Teepräsente und -zubehör *(Barkhausenstr. 9, 26465 Langeoog, Tel. 04972-15 15, Kaemper-Teehandel@t-online.de, www.tee-tradition.de, Mo-Fr 10-18, Sa 10.12 Uhr)*.

Was der Seemann trägt

Sie sind unterwegs in der Heimat der Seeräuber und Klabautermänner. Buddelschiffe in den verschiedensten Ausführungen, Größen und Preislagen, Seemannstroyer, Leuchttürme als Briefbeschwerer mit oder ohne Leuchtsignal, Schiffszubehör jeglicher Art gehören daher natürlich zu den gängigen Souvenirs. Dazu kommt die typische Garderobe: Pudelmützen, Kapitänskappen, gestreifte Friesenhemden, Schiffermützen, Norwegerpullis, Klumpen – die ostfriesische Version der Holzpantinen – und der obligatorische Friesennerz.

Welcher Wattwurm-Willi darf mit?

Das Edelste vom Edlen: ein ostfriesisches Teeservice

So schmeckt die Nordsee

Eine Fundgrube ist der **Forum-Fischbahnhof** in Bremerhaven (→ S. 72). Hier gibt's Souvenirläden jeder Art, Kunsthandwerk, Schnickschnack und ausgezeichneten Räucherfisch. Wenn Sie den Fisch am letzten Urlaubstag einkaufen, können Sie ihn ohne Probleme nach Hause schaffen. Das Gleiche gilt für eine letzte Portion frischer Nordseekrabben. Sind Sie bei dem dunklen Brot mit den ganzen Körnern auf den Geschmack gekommen? Mit viel Butter und Sanddorngelee? Das Brot können Sie hier in jeder Bäckerei kaufen, Schneckenkuchen und Krintstut gleich dazu. Die leckeren, Vitamin-C-reichen Sanddornprodukte, haben viele Läden im Angebot.

Souvenir aus dem Museum

Ein Tipp für ungewöhnlichere Souvenirs sind in der Regel die Museumsshops. Vom **Teemuseum** in Norden über das **Holarium** in Esens bis zur **Kunsthalle** und zum **Otto-Huus** in Emden (→ S. 41, 42, 37, 34) bieten alle Andenken in jeder Preislage. Ungewöhnliche Souvenirs finden Sie in der **Blaudruckerei** in Jever (→ S. 63).

Bernstein und Keramik

Wer ein schönes Schmuckstück erstehen möchte, ist im **Bernstein-Haus** in Esens *(Herdestr. 14, März-Okt Mo-Fr 9.30-13 u. 15-18 Uhr, während der Saison Mo-Fr 9.30-18, Sa 10-12.30 Uhr, Eintritt € 3)* richtig. Bei einem Rundgang erfahren Sie alles Wissenswerte über das „braune Gold". Im Laden können Sie sich Ihr Lieblingsstück aussuchen oder nach eigenem Geschmack gestalten lassen – und in der Bernsteinschleiferei zusehen, wie das versteinerte Harz bearbeitet wird. Eine große Auswahl landestypischer Keramik, von der Teekanne bis zum Stövchen, finden Sie in der **Töpferei Brookmerland**, Marienhafe *(Kirchstr. 17, Tel. 04934-16 37, toepferei.helga-janssen@ewetel.net, www.toepferei-brookmerland.de, Mo-Fr 10-13 Uhr und nach Absprache)*.

Souvenirladen Küste

Doch am allerschönsten und noch dazu kostenlos sind die selbst gesammelten Souvenirs. Muscheln, Schneckenhäuser, Sand, Steine, Fossilien, Krebspanzer, die an die Wattwanderung und den Strandspaziergang erinnern. Mit dem Strandgut lassen sich hübsche Kleinigkeiten zum Verschenken basteln.

Festkalender

Wenn Ali Baba auf einem fliegenden Teppich durch die Lüfte reitet und grellrote Feuervögel am Himmel tanzen, dann sind Sie auf einem Drachenfest. Im Oktober in Greetsiel und im September auf Borkum sind die Profis mit den aufwendigsten Drachen dabei. Begehrliche Kinderfragen garantiert: „Papa, baust du mir einen Drachen?“ Aber auch sonst feiern die Ostfriesen gern. Viele Feste gehen auf regionale Traditionen zurück: Schlickschlittenrennen, Boßeln, Besenschmeißen oder Märkte – alles gute Gelegenheiten, sich zu treffen, zu feiern, gut zu essen und zu trinken. Besucher sind dabei gern gesehen. Der Sommer gehört den Dorffesten, den Regatten und den Hafenmärkten. Das Fremdenverkehrsbüro Ihres Ferienortes schickt Ihnen gerne eine Auflistung der Feste.

März/April: Ostern

Spektakulär sind die Osterfeuer. Kaum ein Ort, in dem nicht ein Reisighaufen in der Ostersonnabendnacht lichterloh in Flammen steht. Wenn Sie dann in der Dämmerung an der Küste stehen, sehen Sie die Feuer auf den Inseln flackern. Zu Ostern selbst amüsieren sich die ostfriesischen Kinder mit „Eiertrüllen“. Vom Deich werden Ostereier heruntergetrüllt. Der Besitzer des Eis, das am weitesten rollt und dabei unbeschädigt bleibt, hat gewonnen. Die Verlierer müssen ihre Eier an den Gewinner abgeben. Ein weiterer Brauch ist das Eierbicken. Hierbei schlagen zwei Kontrahenten ihre Ostereier gegeneinander. Wessen Ei dabei zuerst beschädigt wird, hat verloren.

Mai: Ostfriesischer Nationalfeiertag

Am 10. Mai wird der ostfriesische Nationalfeiertag gefeiert. „Oll’mai“ erinnert an die Einheit und Freiheit der Friesen seit über 700 Jahren. Früher trafen sich die Vertreter der friesischen Landgemeinden an der Thingstätte Upstalsboom bei Aurich, heute wird mit Wettspielen und Vorträgen gefeiert.

Emder Matjesfest

Leckerer Fischduft zieht zum Emder Matjesfest durch die Straßen der Innenstadt. Viel Musik, viel Spaß, viel Matjes. Höhepunkt der drei tollen Tage: ein Oldtimertreffen historischer Schiffe, herrlich anzuschauen!

Cuxhavener Fischerfest

Was in Emden das Matjesfest ist, ist in Cuxhaven das Fischerfest. Am vorletzten Wochenende im Mai feiert die Stadt mit Fischbüfett, Auktionen und buntem Unterhaltungsprogramm.

Mai/Juni: Pfingstmärkte

Diese Monate stehen im Zeichen der Pfingstfeste. In Carolinensiel und Norden werden die Pfingstmärkte, die ersten Jahrmärkte der Saison, abgehalten.

Juli: „Wochenende an der Jade“

In der ersten Juliwoche wird beim „Wochenende an der Jade“, dem Wilhelmshavener Stadt- und Hafenfest, richtig was geboten: Kinder- und Straßentheater, Artistikvorführungen

Zu allen Drachenfesten gehört ein großes Rahmenprogramm für Kinder

und Musik auf sieben Open-Air-Bühnen – dazu Imbissbuden, Karussells und Zuckerwatte. Rund um das Pumpwerk präsentiert sich das Original Hexendorf: eine bunte Welt von historischen Marktleuten, Handwerkern und Künstlern. Die Museumsschiffe und Marinefregatten öffnen ihre Decks zur freien Erkundung. Zum Abschluss wird ein gewaltiges Feuerwerk abgefackelt. Das Volksfest dauert von Mittwoch bis Sonntag (Infos: www.wochenendeanderjade.de).

Juli: Greetsieler Woche

Greetsiel veranstaltet im Juli die Greetsieler Woche, einen traditionellen Kunst- und Handwerksmarkt. Maler und Kunsthandwerker stellen ihre Arbeiten aus. Klingt im ersten Moment nicht so spannend für Kinder, ist es aber. Denn unter den Schaustellern gibt es die eigenartigsten Künstler. So kann man zusehen, wie ein Edelstein geschliffen wird, wie ein Hufschmied arbeitet, wie Senf hergestellt wird oder wie ein Bonbonmacher arbeitet. Dazu gibt's Musik, Imbissbuden und Stände mit süßen Sachen.

Juli/August: Fünf-Tage-Festwoche in Bremerhaven

Auf die Fünf-Tage-Festwoche Ende Juli/Anfang August freuen sich die Bremerhavener Kinder das ganze Jahr. Gefeiert wird am Wasser. Zwischen Windjammern aus aller Welt kann man über den „Basar Maritim" schlendern, gucken, schlemmen. Dazwischen treiben Straßenkünstler ihre Scherze.

August: Krabbenkutterregatta

Ende August ist Neuharlingersiel Schauplatz der Krabbenkutter-Regatta. Am

Hafen gibt es Kulinarisches – Krabben satt natürlich – und Musik. Fragen Sie, ob Sie auf einem der bunt beflaggten Kutter mitfahren dürfen! Tempo und Geschicklichkeit sind auch bei der Krabbenpul-Meisterschaft gefragt, die während der Kutterregatta im Hafen von den Gästen auszufechten ist. Der Leuchttürmchen-Club verwandelt die Kinder am Hafen mit Schminke und dem passenden Outfit in waschechte Piraten.

August: Greetsieler Kutterkorso

Wer sich an den dickbauchigen Kuttern nicht satt sehen kann, sollte Mitte August nach Greetsiel kommen. Mehr Kutter auf einmal als bei dieser traditionellen Korsofahrt sind sonst nirgendwo an der Küste zu sehen. Bunt beflaggt ziehen sie in den Hafen ein.

Windjammertreffen in Carolinensiel

Wer lieber Segel im Wind flattern sieht, ist Anfang August in Carolinensiel richtig. Hier treffen sich alte Segelschiffe aus nah und fern und lassen die Vergangenheit wieder aufleben. Kapitäne und Besatzung tragen historische Trachten und Kostüme, man fühlt sich um Jahrhunderte zurückversetzt.

Schlickschlittenrennen

Weniger um Schönheit als vielmehr um Schnelligkeit geht es bei der norddeutschen Meisterschaft im Schlickschlittenrennen Anfang August in Pilsum. Früher fuhren die Fischer mit solchen Schlickschlitten zu den Stellnetzen. Bei dem Rennen tobt die Menge, spritzt der Gubbel, ein Heidenspaß! Ziehen Sie aber nicht gerade das beste Stück Ihrer Urlaubsgarderobe an.

September: Sail in Bremerhaven

Die „Sail in Bremerhaven“ findet in unregelmäßigen Abständen Ende August/Anfang September als absolutes Top-Ereignis an der Küste statt. Sie ist das größte Windjammertreffen Europas. Die nächste große Sail ist vom 25. bis 29. August 2010 geplant. Die kleine Ausgabe, die „Lütte Sail“ gibt es jedes Jahr im September. Ein Festival, zu dem über 300 alte Segelschiffe jeder Größe einlaufen. Die weißen Segelberge der stolzen Windjammer sind ein unvergesslicher Anblick. Rund um den Hafen laden Festivals und Aktionen zum Zuschauen und Mitmachen ein. Für Kinder gibt's eine extra „Sail for Kids“ – eine Veranstaltung zum Toben, Spielen und Windjammer-Entdecken mit einem Kinderfest im Weser-Strandbad. Spannend für die Kinder dürfte auch die „Mini-Sail“ sein: Schiffsmodellbauer stellen ihre ferngelenkten Windjammer in zwei „Häfen“ an Land vor. Auch das „Sommerfestival der Ballonfahrer“ ist ein Highlight: 50 Heißluftballone heben in den Abendhimmel ab. Wenn am Ende das Feuerwerk steigt, werden sich die Augen aller Altersgruppen verzückt gen Himmel richten.

Kram-, Flachs- und Handelsmarkt

„Alles Pflaume“, heißt es zur Pflaumenzeit Anfang September in Altfunnixsiel. Jedes Jahr, wenn die süßen Früchtchen reif sind, wird der 300 Jahre alte Kram-, Flachs- und Handelsmarkt abgehalten. Für die Großen gibt's Pflaumenschnaps und Rippchen mit Backpflaumen, und die Kleinen bekommen die saftigsten aller Pflaumenpfannkuchen.

Wiesmoorer Blütenfest

Altfunnixsiel huldigt den Pflaumen wie Wiesmoor den Blumen. Die ganze Stadt duftet, wenn am ersten Septemberwochenende in Wiesmoor das Blütenfest gefeiert wird. Höhepunkte sind der Korso, den Gärtnereien mit unglaublich vielen Blumen schmücken, und die Wahl der Blumenkönigin. Am Ende gibt's ein schönes Feuerwerk.

Oktober: Gallimarkt

Ab dem zweiten Mittwoch im Oktober wird dieses Großereignis fünf Tage lang gefeiert. 2008 richtet die Stadt ein wohl einmaliges Jubiläum aus: Der traditionelle Markt mit Galliviehmarkt besteht schon seit 500 Jahren. Ganz Leer ist auf den Beinen, die Kinder haben sogar schulfrei. Es gibt Schießbuden, Festzelt, Zuckerwatte, Karussells, kandierte Äpfel, kurz – alles, was Kinderherzen höher schlagen lässt. Das Fest beginnt am ersten Tag mit einem der größten Viehmärkte Deutschlands. Jede Menge Kühe, Schafe, Ziegen und Pferde wechseln den Besitzer. Am Rande stehen Pferde, Ponys, Ziegen und andere Kleintiere, die gestreichelt werden wollen. Gekauft wird per Handschlag, die Initialen des neuen Besitzers werden mit Farbstift auf das Fell gezeichnet.

Der Engelke-Markt ist der einzige schwimmende Weihnachtsmarkt

Dezember: ein schwimmender Weihnachtsmarkt

In der ostfriesischen Seehafenstadt Emden ist einiges anders als an anderen Orten: neben Klima, Küste, Kunst und Kultur lädt in guter maritimer Tradition ein schwimmender Weihnachtsmarkt, der Engelke-Markt, die Bürger und Besucher täglich von 11 bis 19 Uhr zu einem Bummel ein. Umrahmt von den festlich beleuchteten Museumsschiffen am Ratsdelft können Besucher den auf Pontons im Binnenhafen schwimmenden Weihnachtsmarkt entdecken. Die schönen Holzstände laden zum Schauen und Shoppen ein. Die kleinen Besucher freuen sich über den Besuch des holländischen Sinterklaas. Auch für das leibliche Wohl der Besucher ist gesorgt. Seinen Namen verdankt der Engelke-Markt übrigens der Figur des goldenen Jungfrauenadlers über der Stadtmauer im Emder Stadtwappen – von den Emdern liebevoll „Engelke up de Muer" genannt – und lockt täglich mit besonderen weihnachtlichen Aktionen: So kommt der holländische Sinterklaas am 2. Dezember per Schiff zu Besuch, immer sehr zur Freude gerade der jungen Gäste.

Flora & Fauna

Die Nordsee umfasst mit 525.000 Quadratkilometern Wasserfläche ein Gebiet, in das man die gesamte Bundesrepublik eintauchen könnte. Geologisch gesehen ist der Nordseeraum junges Gemüse, kaum zweieinhalbtausend Jahre sind die ostfriesischen Inseln alt – entstanden aus Sand- und Schlickmengen, die von Westwinden und Wellen am Rand des Wattenmeeres abgelagert wurden. Vögel, Wind und Strömung brachten Pflanzen, die mit ihren Wurzeln die Gebilde festigten. Immer mehr Sand wurde angehäuft, die Pflanzendecke dichter, und es bildeten sich schließlich richtige Inseln. Ganz langsam wandern sie immer noch Richtung Südosten. Das ostfriesische Binnenland ist im Grunde eine Halbinsel, die über Jahrhunderte hinweg durch Hochmoore schwer zugänglich war. Erst mit dem Bau des „Goldenen Rings“ der Deiche (→ S. 120) wurde das Land gegen den Zugriff der Nordsee geschützt.

Der Kampf gegen die Natur

Im Laufe der Jahrhunderte machten die Menschen das Land an der Nordsee urbar und bestimmten so den Verlauf der Küste. Durch Ebbe und Flut wurden auf dem Schwemmland am Meeresrand, dem heute drei bis 17 Kilometer breiten Marschgürtel, organische Stickstoffe abgelagert. Man deichte das fruchtbare Land ein, zog Entwässerungsgräben und nutzte den Boden für Ackerbau und Viehzucht. Landeinwärts liegt die Geest, durch eiszeitliche Aufschüttungen entstandene Sand-, Kies- und Trockenböden mit Wäldern, Weiden, Wiesen, Äckern und Städten. Typisch sind die Wallhecken, die dazu dienen, die Bodenerosion durch den Wind zu mindern. Zwischen den Marsch- und Geestgebieten erstreckten sich riesige Hoch- und Flachmoore, die inzwischen größtenteils abgetorft sind. Dort entstanden die sogenannten Fehndörfer.

Meeresbewohner

In dem flachen und ständig durchgewühlten Wasser der Nordsee finden sich große Mengen von Nährstoffen. Daher weist das Meer eine reiche Tierwelt und viele Fischarten auf. Heringe, Garnelen, Schollen, Seezungen – ein reich gedeckter Tisch für die berühmtesten Meeresbewohner, die Seehunde. Mit ihren großen Kulleraugen und lustigen Barthaaren sieht man sie oft schon von der Fähre aus auf ihren Sandbänken liegen. Zwischen Ende Mai und Mitte Juli bringen sie ihre Jungen zur Welt. Doch nur 60 bis 65 Prozent der Seehundjungen überleben das erste Jahr. Jahrhundertelang wurden sie wegen ihres Fells gejagt, in den 1930er-Jahren drohte ihnen gar die Ausrottung. Seit 1973 ist die Jagd auf die Seehunde endlich verboten. In den 1980er-Jahren bedrohte ein durch hohe Schadstoffbelastung der Nordsee verursachtes Seehundsterben die Tiere, doch inzwischen hat sich der Bestand wieder erholt. Alles über das Leben der Seehunde erfahren Sie in der Seehundaufzucht- und Forschungsstation Norden-Norddeich (→ S. 92). Eine der wichtigsten Regeln: Fassen Sie niemals ein verlassenes Jungtier an!

Strand, Dünen, Salzwiesen

Weite Sandstrände und imposante Dünenketten bestimmen das Bild der Nordseeinseln. Die Dünen und ihr Bewuchs sind für die Existenz der Inseln sehr wichtig. Es gibt drei Arten, die nach ihrer Entfernung zum Wasser unterschieden werden: Die bis zu drei Meter hohen, weißlichen Sandverwehungen, bewachsen mit Quecke und Meersenf, heißen Primärdünen. Sie können höheren Sturmfluten kaum standhalten. Anders die Sekundär- oder Weißdünen, die mit dem weitreichenden Wurzelsystem von Strandhafer und -roggen gefestigt und bis zu 20 Meter hoch werden. An sie schließen landeinwärts die niedrigen, mit Sanddorn, Ginster, Kiefern und Heide bewachsenen Tertiär- oder Graudünen an. Auf das karge Leben und das Salzwasser sind nur wenige Pflanzen eingerichtet, allen voran der Queller, der stets als Erster neues Schwemmland bewächst. Mit dessen Entwicklung zur Salzwiese am Meeressaum folgen Strandflieder, Grasnelke, Strandmilchkraut, Strandwegerich und Strandnelken – ein herrlicher Blickfang im Sommer, wenn alles in Blüte steht.

Was oftmals wie ein brauner Teppich an der Wasseroberfläche treibt oder sich am Strand ansammelt, sind Algen und Tang. Die Gewächse sind ungiftig, Sie können also unbesorgt sein, wenn Ihr Kind etwas davon in den Mund nimmt. Besonderen Spaß haben die Kleinen am Blasentang: Er hat kleine Bällchen, die man mit einem Knall zerplatzen lassen kann.

Kuschelig und nützlich: Schafe treten die Deiche fest und halten das Gras kurz

Nationalpark Wattenmeer

Das Wattenmeer erstreckt sich entlang der Nordseeküste über 450 Kilometer von den Niederlanden bis nach Dänemark. Die durchschnittliche Ausdehnung der Wattfläche beträgt fünf bis sieben Kilometer, stellenweise auch bis zu 15 Kilometer. An den Küsten der südlichen Nordsee tritt sie als ebene, von Wellen und Strömung geprägte Schlick- und Sandfläche auf, die zweimal täglich im Wechsel der Gezeiten bei Flut überströmt wird und bei Ebbe trocken fällt. Das Watt bildet die Grundlage für einen der am dichtesten besiedelten Lebensräume der Erde und eines der produktivsten Naturgebiete. Es ist ein empfindliches Ökosystem. Fällt auch nur ein kleiner Teil davon aus, ist der Fischreichtum der Nordsee in Gefahr. Eine Vielzahl von Tieren und Pflanzen ist bereits in ihrer Existenz bedroht. Zu ihrem Schutz wurde der Nationalpark Niedersächsisches Wattenmeer geschaffen, der sich über 240.000 Hektar von Cuxhaven bis Emden erstreckt und als UNESCO-Welterbe nominiert wurde. Er ist in drei Zonen eingeteilt: Die Ruhezone darf nur auf ausgewiesenen Wegen betreten wer-

Ebbe und Flut

„Mama, das Meer ist weg!" Ihre Kinder stehen dort, wo zuvor noch Wasser war, sehen Sie verdutzt an und warten auf eine Erklärung: Ebbe und Flut bestimmen das Leben an der Nordsee. Ganz früher glaubten die Menschen, dass der Atem eines gewaltigen Seeungeheuers Ebbe und Flut bewirke. Heute weiß man, dass sie durch die Anziehungskraft des Mondes und die Fliehkraft der Erde hervorgerufen werden. Auf der dem Mond zugewandten Seite der Erde ist seine Anziehungskraft größer, auf der ihm abgekehrten Seite die Fliehkraft der Erde. Dadurch entstehen zwei Flutberge und zwischen ihnen Ebbtäler. Die Dauer einer Gezeit beträgt sechs Stunden und 13 Minuten. Je nach Mondphase stellen sich auch besonders hohe Springtiden oder niedrige Gezeiten ein.

den. Die Zwischenzone ist von April bis Juli abseits der Wege tabu, und die Erholungszone mit ihren Badestränden und Kureinrichtungen ist frei zugänglich. Nationalparkwächter bitten, zu Vogelansammlungen und Seehundliegeplätzen mindestens 500 Meter Abstand zu halten, keine Salzwiesen zu betreten und niemals verlassene Seehundbabys anzufassen, sondern die Kurverwaltung, die Polizei oder die nächste Seehundstation zu informieren.

Ausflug in die Vogelwelt

Auffälliger als die Unterwelt des Watts ist die Vogelwelt. Genau 264 verschiedene Arten tummeln sich in den Wattgebieten. Vor allem im Frühjahr und Herbst sieht man ganze Schwärme über die Küste streichen. Damit Sie wissen, mit wem Sie es zu tun haben, hier eine kleine Vogelkunde: Die schwarz-weißen Austernfischer erkennen Sie an ihren roten Beinen und dem geraden roten Schnabel. Die Schnäbel der Alpenstrandläufer dagegen sind leicht nach unten gebogen, so wie der des Großen Brachvogels, der mit langem, abwärts gebogenem Schnabel fette Würmer aus dem Schlick zieht. Kuriose Küstenbewohner sind die Brandenten. Mit heftigem Flügelschlag und lautem „Ga-Ga" jagen sie über den Dünensand. Sie tragen ein mit rostbraunem Brustband gezeichnetes schwarz-weißes Gefieder – Männlein wie Weiblein, denn sie nisten in den verlassenen Höhlen der Wildkaninchen und brauchen keine Tarnfarbe. Ihre ebenso seltsame wie wirkungsvolle Methode, den leckeren Wattwurm zu erwischen, ist folgende: Sie trampeln so lange Rinnen ins Watt, bis die Würmer zum Vorschein kommen. Möwen gibt es ohne Ende. Die Silbermöwe hat einen roten Schnabelfleck und fleischfarbene Beine, die Heringsmöwe zeigt dunkle Flügeldecken und gelbe Beine, die Lachmöwe trägt im Sommer eine schwarze Kopfhaube, die im Winter zu zwei kleinen schwarzen Punkten zusammenschrumpft. Alle lieben sie Miesmuscheln – und haben eine nicht ganz ungefährliche Art, sie zu knacken: Sie lassen die Muscheln aus der Höhe fallen – auf Steine, Strandmauern, Promenaden, Spaziergänger ...

Geschichte

Die Vorfahren der alten Friesen kamen in den letzten Jahrhunderten vor Christi aus dem Westen, den heutigen Niederlanden. Sie waren meist Bauern und Seefahrer. Ihr größter Feind war die See, ihre wichtigsten Verbündeten waren die Meeresgötter, die sie mit Opfern milde stimmen wollten.

Aufdringliche Missionare

Um 700 entstand an der Küste vom Jadebusen bis zur Rheinmündung das friesische Großreich unter König Radbod – ein Land, das auch für Karl den Großen von Interesse war. Also schickte er seine christlichen Missionare hierher. Die Friesen hielten an ihren heidnischen Bräuchen fest, erschlugen auch hin und wieder einen Missionshelfer. So musste Bonifatius 754 in Dokkum den Heldentod sterben. Doch nach der Eroberung des angrenzenden Herzogtums Sachsen durch Karl den Großen fiel 785 auch der friesische Widerstand.

Der Goldene Ring

Dennoch gaben die Friesen ihre Belange nicht aus der Hand. Um 1000 erlernten Sie die Kunst des Deichbaus. Der „Goldene Ring“ entstand, in seinem Schutz erblühten Handel und Viehzucht. Die nur gemeinsam zu bewältigende Aufgabe des Küstenschutzes brachte genossenschaftlich organisierte Landesgemeinden und ein starkes Zusammengehörigkeitsgefühl hervor. „Eala frya frisia“ – es war die Zeit der „friesischen Freiheit“ (9.-14. Jahrhundert). Die stolzen Ostfriesen erkannten zwar die Herrschaft des karolingischen Königs an, duldeten jedoch keine Grafen in ihren Gebieten. Führungsfunktionen übernahmen einige „Ratgeber“, die alljährlich gewählt wurden. Wohlstand zog ein im Land.

Upstalsboom

Der Upstalsboom in der Nähe von Rahe (ausgeschildert) ist ein Denkmal für die historische Tagungsstätte der Friesen. Im Mittelalter war er das Zentrum der Beschwörung von Recht, Freiheit, Frieden und Einheit. Einmal jährlich trafen sich hier die Volksvertreter am Dienstag vor Pfingsten. Es wurden Landesrechte beschlossen und mit dem Upstalsboomsiegel (Totius-Frisiae-Siegel) besiegelt. Der Upstalsboom war auf dem Land- und auch auf dem Wasserweg erreichbar.

Norddeutsche Häuptlinge

Vom 12. bis zum 16. Jahrhundert fraßen Sturmfluten die tiefen Einbrüche von Dollart und Jadebusen, Harle- und Leybucht. Gleichzeitig hatten die Landesgemeinden den Zugriff auswärtiger Grafen abzuwehren. Auch untereinander fochten sie Fehden aus. In dieser Situation entwickelte sich eine reiche Führungsschicht, das Amt der „Ratgeber“ wurde erblich. Ab 1350 bestimmten Häuptlingsfamilien die politischen Geschicke.

Verbündete im Kampf

Bald entstanden Machtkämpfe zwischen den Häuptlingen, denen die Seeräuber als Unterstützung gerade recht kamen. Im Gegenzug gewährten sie den Piraten Unterschlupf. Denen boten die Handelsschiffe der Hansestädte Hamburg und Bremen eine reiche Einnahmequelle. Wie zu erwarten, blieb deren Zorn nicht aus. 1400 und 1401 erlitten die Seeräuber schwere Niederlagen gegen die Hanse: Der Piratenchef Klaus Störtebeker wurde 1401 in Hamburg hingerichtet. Doch das Seeräubertum war damit noch nicht beendet. Mit den Hamburgern schlossen sich die Cirksena aus Greetsiel zusammen, die für den häuptlingsinternen Machtkampf Verbündete suchten. Die Hamburger zogen in Emden ein, Ulrich Cirksena ließ sich 1464 vom Kaiser zum Grafen ernennen. Damit war das Ende der „friesischen Freiheit" besiegelt.

Die Emder Revolution

Die Reformation bedrohte die innere Stabilität, calvinistische Glaubensflüchtlinge schwappten aus den Niederlanden nach Emden. Im Gepäck führten sie Know-how und gute Geschäftsbeziehungen mit. Die Stadt erlangte eine wirtschaftliche Stärke, die auch politische Macht einforderte. Streitigkeiten in der Grafenfamilie stärkten die Stände. Jetzt genügte ein Funke, den offenen Protest zu entfachen. Die Absetzung des calvinistischen Predigers führte 1595 zur Emder Revolution. Edzard II. Cirksena trat alle politischen Rechte mit Ausnahme der Kontrolle der Gerichtsbarkeit an die Emder Bürger ab.

Wieder fremde Herren

In ihrem Kampf gegen den Grafen gelang es den Ständen, den Kaiser auf ihre Seite zu ziehen. Als Zeichen seiner

Zeugnisse eines harten Lebens auf See – die Gräber der Walfänger

Fürsprache verlieh ihnen dieser 1678 das Upstalsboomwappen – in Anknüpfung an die Zeit der friesischen Freiheit. Die Vereinigung der Stände, die Adel, Bauern und Städte repräsentierte, nannte sich „Ostfriesische Landschaft".
Als deren Schutzherrn setzte der Kaiser 1681 den brandenburgischen Kurfürsten ein, der seinerseits an Emden als Überseehafen für koloniale Ambitionen interessiert war. Der Endpunkt dieser Entwicklung war die Machtübernahme der Preußen in Ostfriesland im Jahre 1744, nach dem Tod des letzten Cirksena.

Moore und Wale
In der Zwischenzeit ging's den Ostfriesen mehr schlecht als recht. Im 17. Jahrhundert hatten reiche Emder Bürger mit der Nutzung der Moore begonnen, mit Großefehn wurde 1633 die erste Fehnsiedlung gegründet. Doch der Profit blieb aus, die Moorarbeiter wurden die Ärmsten der Armen. Zusätzlich verwüstete der Dreißigjährige Krieg (1618-1648) die Region, 1717 überschwemmte die so genannte Weihnachtsflut das Land. In Butjadingen ertrank ein Drittel der Bevölkerung, so mancher Bewohner wanderte ab. Viele Insulaner, vor allem die Borkumer, heuerten auf Walfangschiffen an – ein gefährlicher Job. Diese Verdienstquelle versiegte, als die Petroleumlampe im 19. Jahrhundert den Tran-Krüsel ersetzte.

Anti-Seebad-Graffiti
Erst in der zweiten Hälfte des 18. Jahrhunderts ging's wieder aufwärts. Die effiziente Wirtschaftspolitik der Preußen und der europaweite Aufschwung zeigten ihre Wirkung. 1769 wurde die „Emder Heringsfischereigesellschaft mit Monopol in Preußen" gegründet. Neue Schifffahrts- und Überseehandelsgesellschaften entstanden, die Ziegelindustrie florierte. 1797 entstand das erste deutsche Nordseebad auf Norderney und wurde trotz massiver Gegenwehr einiger Insulaner – die Steine auf die Badeanstalt warfen und alles mit Kreide beschmierten – schnell der letzte Schrei der damaligen Schickeria. Mit Badewagen ließen sie sich an den Strand fahren, um sich ja keine Blöße beim Umziehen zu geben. Als letzte Insel wurde Baltrum 1876 „bade-technisch" wach geküsst.

Reger Wechsel an der Spitze
An der Küste wechselten sich unterdessen die Herrscher ab: 1806 wurde Ostfriesland französisch, 1813 preußisch, 1815 hannoveranisch – bis Hannover samt Ostfriesland 1866 wiederum von den Preußen annektiert wurde. Ohne Protest ließ die Ostfriesische Landschaft dies allerdings nicht geschehen. Besonders ungeliebt waren die Hannoveraner, denen die Stände durch nagende Renitenz 1846 schließlich eine eigene Verfassungsurkunde abrangen. Diese gestand den Ostfriesen eine gewisse Selbstständigkeit zu – etwa das Mitentscheidungsrecht über die Verwendung bestimmter Steuern. Doch 1866 erloschen auch diese letzten Rechte. Die Ostfriesische Landschaft besteht seitdem noch als Kulturparlament zur Pflege der regionalen Kultur und Tradition fort – bis heute.

Blick nach vorn
Im Zweiten Weltkrieg litten die Hafenstädte der Region schwer unter Luftangriffen, Emdens Altstadt wurde fast völlig zerstört. Nach dem Zusammenbruch der Diktatur wurden auch in Ostfriesland viele Flüchtlinge aus den Gebieten östlich von Oder und Neiße angesiedelt. Die Einwohnerzahl kletterte von 295.600 auf 387.000. Seit 1946 gehört Ostfriesland zum Land Niedersachsen. Wirtschaftlich tut sich dieser Landstrich am Rande der Republik auch heute noch schwer. Eine Zukunft sieht die Region für sich im „sanften Tourismus". Und es wird viel getan, um die Natur zu erhalten. Ein deutliches Zeichen in dieser Richtung war 1986/1990 die Gründung des Nationalparks Niedersächsisches Wattenmeer.

Sport

Meer, Seen, Flüsse, Strand, weite Landschaft, weite Ebene – dieses Land ist wie geschaffen zum Toben, Spielen und Sporteln. Sand und Wasser bieten unendliche Variationen für Sportarten vom Strandsegeln bis zum Burgenbuddeln, vom Beachsoccer bis zum Beachvolleyball, vom Surfen bis zum Angeln.

Baden

Das Baden im Meer ist tideabhängig. Vom 1. Juni bis zum 31. August stehen die Badestrände unter Aufsicht des Schwimmmeisters. Der sitzt, schaut und hisst – je nach Brandungsstärke – Bälle: Ein roter Warnball bedeutet Badeverbot für Kinder und Nichtschwimmer, zwei Bälle allgemeines Badeverbot. Außerhalb der festgelegten Zeiten und abseits der bewachten Strände ist das Baden im Meer verboten. Halten Sie sich zum eigenen Schutz bitte unbedingt an diese Regeln. Die jährliche ADAC-Untersuchung bescheinigt dem Meerwasser an der ostfriesischen Küste hervorragende Wasserqualität. Und ist das erfrischende Nass wieder mal weg oder zu kalt: Alle Inseln verfügen über Meerwasser-Hallenbäder, entlang der Küste sind aufwendige Freizeitbäder entstanden.

Drachen steigen lassen

Wo so viel Wind weht wie hier, sind natürlich die Drachen zu Hause. Majestätisch schwingt sich hier der Kite in die Lüfte. Man kann seinen Lieblingsdrachen von zu Hause mitnehmen, einen basteln oder in einem der vielen Läden einen kaufen.

Trendsport Drachenflitzen

Kite-Surfen nennt sich der Trendsport des Sommers. Dabei lässt sich der Surfer auf einem speziellen Board von einem Drachen (kite) ziehen. Da dies durch den Auftrieb des Drachens schon bei kleineren Windstärken möglich ist, kommen Kitesurfer schneller ins Gleiten als Windsurfer. In Wilhelmshaven hat sich eine eigene Szene entwickelt, die in der Saison vor allem in Hooksiel und am Südstrand anzutreffen ist. Allein das Zuschauen ist ein Erlebnis, wer möchte, kann das Kitesurfen auch selbst ausprobieren.

Das Surfen mit Drachen, dem Kite, erlaubt meterhohe Sprünge

Fahrrad fahren

Ostfriesland ist das Land der Fahrradfahrer und Wanderer. Platt wie eine Flunder, zum Treten ideal. Verfahren? Geht gar nicht – zum einen ist das Land so übersichtlich, zum anderen hängen an fast jeder Biegung Schilder, die auf eine Fahrradroute hinweisen. Im Sommer sind viele Busse auf den Transport von Fahrrädern eingestellt. Und überall gibt's Fahrradverleihe, die auch Kinderräder, Anhänger und Kindersitze anbieten. Kreuz und quer durch Marsch, Geest und Moor führt eine ganze Reihe von Rad-Fernwanderwegen. Der längste ist der friesische Heerweg mit 400 Kilometern (→ Kasten S. 96). Der 97 Kilometer lange Ostfriesen-Wanderweg verläuft von Bensersiel auf einer stillgelegten Bahntrasse über Aurich und Leer nach Papenburg. Der Störtebeker-Weg umrundet die ostfriesische Halbinsel auf dem Deich über 187 Kilometer von Leer bis Wilhelmshaven. „Rad up Pad" nennt sich die 290 Kilometer lange Ostfriesenroute. Die Dollard-Route, ein 180 Kilometer langer Weg, geht durch das Rheiderland. Info-Broschüren über schöne Radwege gibt es in den Touristenbüros.

Surfen und Segeln

Wind und Wasser zum Segeln und Surfen hat die Küste mehr als genug. Aus Naturschutzgründen und wegen gefährlicher Strömungen sollten Sie sich erst erkundigen, wo Sie mit Boot oder Brett starten können. Für Anfänger gibt es Schnupperkurse, für Könner Törns oder Regatten. Erste Surfversuche wagen Sie am besten auf einem der Binnenseen, etwa dem Großen Meer (→ S. 28). Infos geben die Fremdenverkehrsämter.

Tennis und Golf

Spiel, Satz, Sieg – sowohl überdachte als auch offene, gelenkschonende Kunstrasen- und Hartplätze stehen allerorts zur Verfügung, im Sommer werden auch Gästeturniere ausgetragen. Golf ist noch nicht so sehr verbreitet.

Reiten

Die Inseln sind ein wahres Reiterparadies. Was gibt es Schöneres, als über einen weiten Sandstrand zu galoppieren oder durch die Dünen zu reiten? Aber auch auf dem Festland findet sich eine ganze Reihe von Reiterhöfen. Die Adressen der Reitställe und Reiterhöfe sind im jeweiligen Gastgeberverzeichnis angegeben oder über die Fremdenverkehrsämter zu erfahren.

Wasserski

Berge zum Skifahren haben die Ostfriesen nicht, also tun sie's auf dem Wasser. Auf fast allen Seen können Sie sich im Wasserskifahren versuchen, einige verfügen über Slipanlagen (Hooksiel, Rastede und am Idasee in Ostrhauderfehn).

Ostfriesische Spezialitäten

1. Boßeln

Sie fahren über eine Landstraße und finden sich plötzlich vor einem Ihnen völlig unbekannten Verkehrsschild. „Achtung, Boßelspiel". Wundern Sie sich nicht, Sie sind in Ostfriesland! Boßeln, Volkssport Nummer Eins, ist ein Kugelspiel für zwei Teams mit je fünf Spielern. Dann benötigt man eine Boßelkugel – eine Hartholz- oder Hartgummikugel, einen Klootsooker und eine ebene, unbefahrene Landstraße. Nun wird die Kugel mit viel Schwung möglichst weit geworfen.

Schnell im Schlick

Beim Schlickschlittenrennen in Pilsum sind Gäste nicht nur als Zuschauer erwünscht: Einheimische und Feriengäste rasen gemeinsam um die Wette durch den Schlick. Die Rennfahrer treffen sich beim Deicharbeiter-Denkmal (jedes Jahr Ende Juli).

Ist sie zum Stillstand gekommen oder im Graben gelandet, ist der nächste Werfer an der Reihe. Doch zuvor kommt möglicherweise der „Klootsoocker" zum Einsatz: ein langer Stab mit einem Netz, mit dem die Kugel aus dem Graben gefischt wird. Zehn Runden dauert das Spiel der beiden Parteien. Es kommt darauf an, dass die „Smieter", Werfer, die meisten „Schöt", Schüsse, und die größte Weite mit „Tree", Schritten, erreichen. Ganz besonders schwungvoll rollt die Kugel, wenn man vorher ein „Söpke", Schnäpschen, zu sich genommen hat. Nach dem Boßeln ziehen die beiden Parteien gemeinsam zum „Kohl- und Pinkelessen" in die Kneipe. Die Saison liegt im Winter und am Beginn des Frühjahrs, da dann die Gräben, die sich beiderseits der Boßelstrecke befinden, zugefroren sind und daher das Bergen der Kugel vereinfachen. Gäste, die sich im Boßeln versuchen möchten, können sich dem Pilsumer Boßelverein anschließen, der jeden Sonntag um 9 Uhr am Diekskiel, Pilsum, die Kugel ins Rollen bringt.

2. Klootschießen

Klootschießen wird im Winter auf einem gefrorenen Acker veranstaltet. Dazu benötigt man zwei Mannschaften, die darin wetteifern, den 475 Gramm schweren Kloot, eine mit Blei ausgegossene Holzkugel, möglichst weit zu werfen. Ein geübter Werfer schafft immerhin gute 80 Meter. Ein Bahnweiser marschiert voraus und zeigt mit einer Fahne an, wo fester Boden ist. Vor rund 2000 Jahren war dieser Spaß übrigens noch bitterer Ernst – die Klooten dienten als Waffen.

3. Strauchbesenwerfen

Beim Strauchbesenwerfen geht es nur vordergründig um Pokale und Meisterschaften, hintergründig um einen Platz an der Theke. Die Spielregeln: Mit einer möglichst geringen Zahl von Würfen muss der Strauchbesen zu einer zuvor vereinbarten Kneipe dirigiert werden. Vorsicht, das Zuschauen könnte ungeahnte Nebenwirkungen haben: Sie lachen sich schlapp!

Im Frühjahr müssen Autofahrer auf Boßelrunden Acht geben!

Verlag: COMPANIONS GmbH,
Rödingsmarkt 9, 20459 Hamburg,
Tel. 040-306 04-600,
Fax 040-306 04-690,
E-Mail: info@companions.de,
Internet: www.companions.de

Autorin: Natalie John
Lektorat und Schlussredaktion:
Anne Sauer
Schlusskorrektur: Nadia Al Kureischi
Titelgestaltung und Layout:
Cornelia Prott

Druck und Bindung:
DZA Druckerei zu Altenburg GmbH

Bildnachweis:
alle Bilder von Sandra Engler, außer: Windrose/Pixelio (S. 13), Kurverwaltung Norderney (S. 24), Kurverwaltung Dangast/Varel (S. 29, 66), Jan von Bröckel/Pixelio (S. 34), AG Ems Emden (S. 35), Kunsthalle Emden (S. 36), Kurverwaltung Marienhafe (S. 39), Nordseeheilbad Esens-Bensersiel (S. 43, 92), Dieter Schroeter (S. 47), Kurverwaltung Carolinensiel-Harlesiel (S. 60), Verkehrsverein Wilhelmshaven (S. 61), Jever-Brauerei (S. 63), Seute Deern/Best Western Hotel Naber (S. 70), Kurverwaltung Leer (S. 75), Meyer Werft, Papenburg (S. 76), Stadt Oldenburg (S. 78), Kurverwaltung Jemgum (S. 82), Helgoland-Touristik (S. 88), Jaderberg-Park (S. 91), Freizeitpark Schloss Dankern (S. 94), Museumsdorf Cloppenburg (S. 97), Holiday Inn Resort Tossens (S. 98), FlicFlac (S. 114), Emden Marketing und Tourismus GmbH (S. 116), Markus Hein/Pixelio (S. 123), special4kd/Pixelio (S. 125).

Titelfoto: Freefly/Fotolia
Illustration (Umschlag):
Noel Powell/iStockphoto

Karte: Kartographiebüro Jochen Fischer

Wir danken Marie Fischer und allen anderen, die zum Gelingen des Buches beigetragen haben.

ISBN: 978-3-89740-537-0